세상에서
가장 잘 노는
**아이가
꿈을 이룬다**

이 책의 출판권은 (주)두드림미디어에 있습니다.
저작권법에 의해 보호받는 저작물이므로 무단 전재와 복제를 금합니다.

머리말

아이는 꽃처럼 서두르지 않고 피어납니다. 햇빛이 지나치게 강하거나, 너무 서둘러 물을 주면 꽃이 제대로 자라지 못하듯, 아이도 저마다의 계절과 속도를 따라 성장합니다. 기다려주는 부모는 그 기다림 속에서 아이가 지닌 고유한 힘을 발견합니다. 이 책은 바로 그 힘, 놀이 속에서 자라는 배움에 대한 이야기입니다.

유치원 현장에서 30년을 보내며, 또 세 아이의 엄마로 살아오면서 저는 늘 같은 깨달음을 얻었습니다. 아이의 성장은 조급함으로 이끌어낼 수 없다는 것입니다. 놀이 속에서 아이들은 관계를 배우고, 자신을 단련하며, 내면의 힘을 키워갑니다. 결국 아이가 앞으로 나아가는 원동력은 믿음과 습관, 그리고 사랑이라는 사실을 확인할 수 있었습니다.

이 책은 총 5장으로 구성되어 있습니다.

1장에서는 '아이는 천천히 배운다'라는 주제를 다룹니다. 발달심리학자 피아제(Piaget)의 이론에 따르면, 아이는 발달 단계가 무르익었을 때 비로소 새로운 개념을 받아들입니다. 넘어지고 반복하며 시행착오를 거듭하는 과정 자체가 학습이며, 부모가 이 여정을 조급해 하지 않고 지켜볼 때 아이의 성장을 돕는 든든한 동반자가 됩니다.

2장에서는 '놀이는 사회적 관계'라는 점을 살펴봅니다. 놀이 속에서 아이는 규칙을 만들고, 갈등을 경험하며, 화해를 배웁니다. 비고츠키(Vygotsky)는 놀이를 아동 발달을 이끄는 중요한 도구로 보았습니다. 아이는 혼자 노는 것 같아도 늘 타인을 향해 배우고 관계 맺기를 시도합니다.

3장은 '놀이와 창조성'에 대해 이야기합니다. 상상놀이는 아이에게 가장 큰 실험실이자 창작의 무대입니다. 블록을 쌓고 무너뜨리며, 이야기를 구성하고 세계를 창조하는 과정에서 아이는 독창적 사고를 키워갑니다. 부모가 간섭을 줄이고 지켜볼 때, 아이의 창의력은 가장 자연스럽게 피어납니다. 에릭슨(Erikson) 또한 놀이를 자아와 창의성을 발현하는 중요한 장으로 보았습니다.

4장은 '놀이와 탐구심'을 다룹니다. 자연 속 사물과의 만남, 문제를 발견하고 해결하는 놀이 경험을 통해 아이는 상상력을 확장하고 사고력을 기릅니다. 비고츠키가 강조했듯, 놀이는 아이가 미래의 역할을 미리 연습하는 장입니다. 놀이 속에서 아이는 내일을 준비하며 한 걸음 더 성장합니다.

마지막 5장은 결론으로서 '세상에서 가장 잘 노는 아이가 꿈을 이룬다'라는 메시지를 전합니다. 놀이는 단순한 오락이 아니라, 아이가 미래를 설계하는 언어이며, 세상과 만나는 첫 연습입니다. 잘 노는 아이는 결국 자기 삶을 주도하고, 자신만의 꿈을 실현할 수 있습니다.

이 책이 부모와 교사에게 작은 길잡이가 되기를 바랍니다. 아이가 뛰놀며 웃는 순간, 우리는 단순히 하루의 장면을 보는 것이 아닙니다. 그것은 아이가 만들어갈 내일이며, 우리 모두가 함께 키워가는 희망입니다. 놀이는 아이의 오늘을 빛나게 하고, 내일을 준비하게 합니다. 이 책은 그 여정을 함께 걷고자 하는 모든 이에게 드리는 작은 초대장입니다.

끝으로, 이 책의 출간을 위해 애써주신 두드림미디어 관계자 여러분께 깊은 감사를 드립니다. 또한 늘 곁에서 함께 걸어준 가족과 학부모님, 아이들, 그리고 매일 현장에서 아이와 함께 성장하는 교사들, 이 길을 걷도록 응원해주신 원장님들께도 감사드립니다. 무엇보다 사막의 꽃도 피우게 하시는 하나님의 은혜에 감사드립니다.

강인숙

목차

머리말 …………………………………………………………… 4

1장 아이는 천천히 배운다

1. 아이는 천천히 배운다 ……………………………………… 12
2. 아이의 유전자는 부모다 …………………………………… 19
3. 처음부터 잘하는 아이는 없다 ……………………………… 25
4. 아이에게도 때론 좌절이 필요하다 ………………………… 31
5. 아이의 감정을 만지게 하라 ………………………………… 38
6. 주위 환경도 교사다 ………………………………………… 44
7. 엄마의 행복은 아이의 마음에 담긴다 ……………………… 51

2장 육아가 거짓말처럼 수월해지는 소통의 기술

1. 거짓말을 몰라요 ……………………………………………… 60
2. 수줍음일까, 두려움일까? …………………………………… 67
3. 아이의 공격성은 어디에서 오나 …………………………… 73
4. 버릇없는 아이가 아닙니다 ………………………………… 79
5. 집중을 하나도 못해요 ……………………………………… 85
6. 울음은 약하지 않아요 ……………………………………… 90
7. 스스로 힘이 생겨요 ………………………………………… 95
8. 아이의 성교육, 어렵지 않아요 ……………………………… 101

3장 상상력과 창의력을 높여주는 8가지 놀이

1. 뇌를 다양하게 자극하는 보드게임 …………………… 110
2. 공간 지각 능력과 기억 조합을 발달시켜주는 블록놀이 …………… 116
3. 기억력과 조절 능력을 발달시키는 메모리 게임 …………… 122
4. 구슬, 사고력을 굴리다 …………………… 129
5. 협응력과 조절력을 발달시키는 신체놀이 …………… 135
6. 사고력과 창의력이 자라는 퍼즐놀이 …………… 141
7. 심미적 상상력을 키우는 놀이 …………………… 147
8. 협업 능력을 높여주는 전래놀이 …………………… 154

4장 놀이가 통합지식으로 연결되는 6가지 방법

1. 나는 건축가예요 …………………… 162
2. 나는 자연탐구가예요 …………………… 169
3. 나는 요리사예요 …………………… 177
4. 나는 탐험가예요 …………………… 184
5. 나는 시인이에요 …………………… 192
6. 나는 예술가예요 …………………… 199

5장 세상에서 가장 잘 노는 아이가 꿈을 이룬다

1. 놀이는 창의력이다 …………………… 208
2. 놀이는 사회관계성이다 …………………… 213
3. 안전한 놀이만 해야 할까? …………………… 219
4. 아이의 자존감 …………………… 225
5. 잘 노는 아이는 다르다 …………………… 231
6. 놀이는 상상이자 꿈이 된다 …………………… 236
7. 아이를 믿는 만큼 꿈이 자란다 …………………… 242

아이는
천천히 배운다

아침 출근길, 아파트 사이 유치원 입구에는 여덟 시 이전임에도 분주한 풍경이 펼쳐진다. 아이 손을 잡거나 안은 채 유치원 벨을 누르는 엄마 아빠들, 아이가 울음을 터뜨려 달래느라 안절부절하는 모습, 차 안에서는 서둘러 화장을 고치는 손길들이 스쳐간다. 나 또한 그런 날들이 있었다. 아이 셋을 키우며, 직장인으로 하루를 시작했던 시절이다.

오전 다섯 시, 어른들 식사 준비로 하루가 시작되었다. 식사를 차려드리고, 터울 많은 아이 셋(유치원생, 초등학생, 중학생)을 챙겨 등교 준비를 했다. 출근 시간이 임박해 아침을 거르기 일쑤였고, 남편이 "아침 먹고 가야지!"라고 외칠 때면, 나는 "커피 한 잔이면 돼"라고 답했다. 그때 어머니의 말씀이 등 뒤를 스쳤다.

"조금 더 일찍 일어나면 되지."

사랑에서 비롯된 말씀이었지만, 서러웠다. 그러나 지금은 안다. 그 말 뜻 속에 바쁜 며느리에 대한 안타까움과 미안함이 담긴 것을. 지금도 그때를 생각하면 마음 한편이 아련해지면서 가족의 사랑 안에서 보낸 소중한 시간이었음을 다시금 깨닫는다.

아이들과 함께 있는 시간이 부족했던 나는, 침대 두 개를 붙여 다섯 식구가 한방에서 자는 것으로 정서적 교감을 채우고자 했다. 그 또한 아이들이 원할 때까지 함께였다. 저녁마다 유치원에서 들려주던 동화를 아이들에게 다시 들려주었다. 반복해서 들었던 이야기지만 아이들은 눈을 반짝이며 들어주었고, 이야기가 끝나면 하루를 돌아보며 서로의 이야기를 나눴다.

어느 날, 막내가 진지하게 물었다.

"엄마, 나 까막눈이야. 언제 글 읽을 수 있어?"

누나들은 '까막눈'이라는 말에 깔깔 웃었지만, 아이는 그저 진심이었다.

"내 친구는 글자도 적어주고, 동화책도 읽어준단 말이야."

막내는 말에서 글로, 소리에서 문자로 소통하고 싶은 욕구를 드러냈다. 그때 첫째가 거들었다.

"엄마, 나 초등학교 4학년까지 학원 하나도 안 다닌 거 알아? 그때 친구들 공부 쫓아가느라 얼마나 힘들었던지… 엄마는 모르지?"

나는 이렇게 답했다.

"너는 혼자서 잘하기도 했고, 엄마는 네가 학원 보내달라고 말할 때까지 기다린거지."

사실 나 스스로도 조급하고 불안했던 기억이다. 이러다 학업 시기를 놓쳐서 아이가 공부에 흥미를 잃어버릴까 봐 초조했으니까.

교육심리학자 레프 비고츠키(Lev Vygotsky)는 '놀이와 언어는 아이의 인지 발달을 이끄는 두 축'이라고 했다. 아이의 '글자를 배우고 싶다'라는 말은 단순한 학습 요청이 아니라, 자신도 친구처럼 표현하고 싶은 자발적 열망이었다. 나는 차창 밖의 간판 글자를 함께 읽고, 그림 찾기, 끝말잇기, 단어 연상 게임, 수수께끼, 단어 카드 놀이로 언어 세계를 열어주었다. 시각적·청각적 놀이 속에서 아이는 스스로 배우는 기쁨을 알게 되었고, 곧 글을 읽기 시작했다.

우리는 아이들과 같은 방에서 자고, 놀고, 이야기하면서 유대감을 키워갔다. 많은 이들이 아이의 독립심을 위해 일찍부터 따로 재워야 한다고 말했지만, 나는 생각이 달랐다. 정신분석학자 도널드 위니캇(Donald Winnicott)은 "엄마가 단지 좋은 엄마가 아니라, '충분히 좋은 엄마'일 때 아이는 건강하게 성장한다"라고 했다. 즉, 엄마가 아이의 모든 요구를 즉각적으로 충족시키기보다는, 때로는 아이가 스스로 문제를 해결하거나 좌절을 경험하도록 돕는 것이 아이의 건강한 성장에 필수적이라고 보았던 것이다. 그 시절의 친밀함은 시간이 흐른 지금도 아이들의 따뜻한 기억으로 남아 있다. 아이들은 자연스럽게 각자의 공간에서 책을 읽은 후 잠들었고, 남매간의 정은 더욱 깊어졌다.

상담 중 엄마들에게 "유치원에서 아이가 무엇을 배웠으면 좋겠어요?"라고 묻곤 한다. 많은 엄마들이 "친구들과 사이좋게 지냈으면", "다치지 않고 잘 놀았으면", "편식 없이 잘 먹었으면"이라고 말한다. 결국, 부모들이 바라는 것은 건강과 사회성이다. 하지만 아이들은 저마다 다른 강점과 약한 부분을 지닌 독특한 존재다. 인지 능력이 뛰어나지만 사회성이 약한 아이, 신체는 튼튼하지만 공격적인 아이, 공감 능력은 좋으나 언어 발달이 늦은 아이 등 모든 아이는 서로 다른 퍼즐 조각처럼 제각각의 색을 지닌다.

유치원 원아들 중 만 4세 아이는 숫자 5까지의 개념이 형성되지 않아 담임 선생님은 조심스럽게 개별 지도를 부탁했다. 나는 아이와 달력을 펼쳐 숫자를 짚고, 사탕과 숫자를 연결해보며, 동물 그림 카드와 숫자 노래로 흥미를 유도했다. 아이는 자신만을 위한 시간이 특별하게 느껴졌는지 집중했고, "또 해봐요"라며 즐거워했다. 캐롤 드웩(Carol Dweck)은 "성공한 사람은 실수에서 배우고, 다른 방법으로 다시 시도한다"라고 말했다. 개인의 능력과 지능은 노력과 경험을 통해 성장하고 발전할 수 있다는 믿음을 의미한다. 이러한 관점에서 실수는 실패가 아니라 학습의 기회이며, 성공은 끊임없는 시도와 개선을 통해 이루어진다는 의미로 본다면, 아이는 숫자 공부에서 실수를 두려워하기보다 도전을 즐기게 되었다는 것을 알 수 있었다.

한 달 후, 아이는 1부터 10까지의 수 개념을 알게 되었다. 아이의 눈에는 자신이 해냈다는 뿌듯함과 자신감이 가득했다. 아이는 단지 지식이 아니라, '할 수 있다'라는 믿음을 얻은 것이다. 부모, 교사의 역할은 이처럼 아이가 스스로 해낼 수 있도록 기다려주고 지지하는 것이다.

아이는 천천히, 그리고 자신만의 속도로 배운다. 신발 신기, 밥 먹기, 친구와 인사하고 함께 노는 것까지, 일상의 모든 순간이 아이에게는 소중한 배움의 연속이다. 아이는 스스로의 리듬에 맞춰 세상을 흡수하고 성장해나간다는 것을 우리는 너무 늦게 깨닫기도 한다. 프리드리히 프뢰벨(Friedrich Frobel)이 '놀이는 아이의 첫 번째 교과서'라고 했듯, 아이들은 오늘 경험하는 소소한 순간들 속에서 자신만의 방식으로 삶을 체득해가는 성장의 길목에 서 있는 것이다.

또한 아이들의 태어난 날이 다르듯, 배움의 속도 또한 결코 같을 수 없다. 그것은 아이가 보고, 경험한 것이 다르기 때문이 아닐까. 그러나 부모는 '빨리', 그리고 잘하기를 원한다. 그것이 마치 나의 자부심인 양. 진정으로 중요한 것은, 아이가 자신만의 속도와 방식으로 온전히 세상을 알아갈 수 있도록 기다려주고 지지해주는 부모의 믿음이다. 부모의 믿음은 아이의 속도를 재촉하는 것이 아니라, 그 속도마저 존중해주는 따뜻한 응시에서 시작된다. 그 믿음이 아이를 가장 단단하게 만든다는 것을 우리는 때로 간과하기도 한다.

우리는 종종 아이가 내일 무엇이 될지를 걱정하느라, 정작 오늘 어떤 모습으로 살아가고 있는지를 놓친다. 작가 스테이시 타우서 (Stacia Tauscher)는 말했다.

"우리는 아이가 내일 무엇이 될지를 걱정하지만, 그가 오늘 누구인지는 잊는다."

아이의 발달에는 계획보다 공감이, 목표보다 기다림이 필요하다. 오늘의 작은 말과 행동에 귀 기울여줄 때, 아이는 '있는 그대로의' 내가 받아들여지는 감각 속에서 자란다.

아이의 성장은 부모의 성장과 맞닿아 있다. 우리는 아이를 통해 인내를 배우고, 유연함을 익히며, 다정한 시선으로 바라보는 연습을 한다. 완벽한 부모가 되기보다 아이의 곁에 머물며 함께 성장하는 부모가 되는 것, 아이들은 그것이면 충분하다.

때로는 부모의 하루가 너무 길게 느껴지고, 내 마음은 너무 쉽게 닳는다고 느낄 때가 있다. 그런 날에는 부모인 나 자신을 먼저 다정히 안아줘보자.

"지금도 충분히 잘하고 있어요."

이렇게 말해주는 따뜻한 한마디가 나를 다시 일으키기도 한다. 아이를 위해 차린 따뜻한 밥상, 무릎 베고 들려주던 짧은 동화 한 편, 잠든 아이의 이마에 조심스레 올린 손길 하나. 그 모든 것이 이미 충분히 잘하고 있다는 증거다. 부모의 여유가 아이의 속도를 지켜주는 바람막이가 되기 때문이다. 오늘도 아이는 천천히 자란다. 그리고 나도 함께 천천히 성장하고 있다.

아이의 유전자는 부모다

 엄마들이 무심코 하는 말 속에는 "내 아이는 누굴 닮았는지 모르겠어요. 정말 징글징글하게 말 안 들어요. 너무 예민해서 키우기가 힘들어요"와 같은, 푸념 섞인 말들이 들어 있다. 그렇게 각자 자기 아이의 특성을 드러내곤 한다.

 프로이트(Freud)는 "본능은 선천적으로 타고나며, 아동의 초기 경험이 성격 형성에 결정적 영향을 미친다"라고 했다. 이는 유전자에 잠재되어 있는 아이의 고유한 기질에 대해 언급한 것이리라. 기질은 밖에서 오는 어떤 자극에 대해 반응하는 경향이고, 아이들이 태어난 직후부터 보여주는 행동 방식에서 그 존재감을 느끼게 된다.

 엄마들은 '내 아이 키우기가 왜 이리 어려운지'에 대한 답을 인스타그램, 유튜브, 블로그, 그리고 책에서 찾으려 한다.

 나 또한 아이 셋을 키우면서 '내가 낳은 아이들인데 성향이 이렇게도 다를 수 있구나' 하며 놀란 적이 많다. 셋째를 키우면서 나는 첫째, 둘째를 키운 경험이 있으니 모든 육아 문제를 척척 해결해낼 줄 알았다. 하지만 곧 그것이 결코 녹록지 않다는 사실을 깨달았다.

미국의 심리학자이자 유전학 분야의 세계적 권위자인 대니얼 딕 (Danielle Dick) 교수는, 부모가 "자신이 어떤 아이를 키우고 있는지 알아야 한다"라고 강조했다. 하지만 나는 그에 앞서 '과연 나는 어떤 부모인가'를 먼저 따져보는 것이 중요하다고 본다.

나는 오빠 셋, 언니 한 명을 둔 시골 집안의 막내였다. 논밭을 오갈 때는 내가 다리 아플까 봐 오빠들의 지게가 자가용이 되어주었다. 가을걷이로 바쁠 때면 엄마는 벼 짚단을 쌓아 올린 틈 속에 내 방을 만들어 쉬게 해줬다. 내가 요구하지 않아도 무엇이든 알아서 척척 해주는 엄마, 오빠들은 나에게 마법사 같은 존재였다.
이에 비해 남편은 터울이 적은 동생과 엄마 젖을 같이 먹고 자란 둘째다. 그래서인지 부모에게 의존하지 않고, 모든 문제를 스스로 해결하며 성장했다고 한다.

예민한 내 첫째 아이는 밤낮이 뒤바뀐 생활을 했다. 잠들었나 하면 곧 깨어나 나를 긴장시켰고, 아이가 깰 때면 엄마인 내 눈도 저절로 떠졌다. 마치 그 시간을 기다리고 있기라도 했던 것처럼.
아이는 낯가림도 심했다. 그 때문에 시댁, 친정 방문이 늘 조심스러웠다. 시어머님은 오랜만에 찾아온 손녀가 귀여워 아이를 업고 동네 나들이를 나서곤 하셨지만, 동네 한 바퀴를 돌고 집에 돌아올 때까지 아이의 울음은 그치지 않았다. 낯선 사람을 봐도, 잠자리가 불편해도, 시끄러워도 아이는 짜증을 내며 예민하게 반응했다.

아이의 예민한 성격은 엄마 아빠를 닮기 마련일 터. 남편은 예민하기만 한 첫째 아이의 모든 것을 해결해주는 해결사였다.

남편은 아이가 밥을 먹을 때도 물을 달라고 하기 전에 물을 마시게 했다. 다리가 아플까 봐, 잠을 깰까 봐, 엘리베이터가 없는 아파트 5층까지 아이를 안고 올라가는 극성 아빠였다. 원하기 전에 척척 해결해주니, 아이는 요구하는 방법도 몰랐다.

나는 남편에게 "아이가 할 수 있는 건 혼자 하게 해요"라며 화를 내보기도 했지만, 남편의 귀에는 내 말이 들리지 않는 듯했다. 그래서인지 이런저런 이유로 남편은 아이를 데리고 외출하는 것을 극도로 꺼렸다.

나는 오히려 아이가 예민하고 낯가림이 심할수록 집에만 있으면 안 된다고, 그럴수록 아이를 데리고 사람들이 많지 않은 곳으로 외출하자고, 일상적인 것을 반복적으로 경험하다 보면 괜찮아질 거라고, 누누이 남편을 설득했다. 그러면 우리 아이가 안정감을 찾고, 사람들의 표정, 목소리, 몸짓 등을 보면서 감정 다스리는 법을 배우게 될 것이라고 강변하면서. 이런 우리 부부의 노력에 화답이라도 하듯, 사람에 대한 신뢰가 쌓인 아이는 외출을 즐거워하기 시작했다.

남편이 외출을 꺼렸던 것은, 아마도 아이의 감정을 보호해주고 싶었던 마음 때문이었으리라.

나는 남편이 아이를 대하는 태도 때문에 아이가 예민하고 까다롭다고만 생각했었다. 그러다 나 자신을 한번 돌아보았다. 아이의 잠이 깰 때를 잠을 설치면서까지 기다리는 나, 사람들이 많은 곳이나 모임을 좋아하지 않는 나.

아이의 예민함과 까다로움이 이런 나의 성향을 닮아 그런 건 아닐지 헤아려본 것이다. 그랬다. 나 또한 어릴 때부터 겁도 많고 까다로운 아이였다. 첫째 아이의 생물학적 특성은 나와 닮은꼴이었다.

나는 첫째 아이에게 늘 화만 내거나, 아이 탓만 한 것에 미안함을 느꼈다. 남편은 나와 달리 예민한 딸을 다그치지 않고, 너그럽게 대했다. 마치 우리 엄마가 나에게 그랬던 것처럼.

남편은 어릴 때 홍역에 걸려 심하게 아팠던 적이 있었다고 한다. 그때 아버지가 엄마 대신 밤새워 자신을 간호해줬던 행복한 기억이 있다고 말하는 남편의 얼굴에는 엷은 미소가 번졌다. 생전에 아버님은 말씀이 없으시고 자상한 성격이었다. 남편은 성격도, 외모도 아버지를 꽤 많이 닮은 듯하다.

어느 날 한 아이가 "왜 애들은 선생님 말씀을 잘 안 들어요?"라고 물었다. 나는 그 말에 "쿡!" 하고 웃음이 나왔다. 나는 아이에게 "그래? 어떨 때 말을 안 듣는 것 같니?"라고 물었다.

아이는 장난감 정리, 줄 서기 등 유치원에서 친구들과 함께하는 여러 활동을 손가락으로 꼽았다. 그런 예들을 들어보이는 아이의 표정에는 억울함이 가득했다. 이 아이는 선생님과 엄마, 아빠로부터 배운 규칙을 따르지 않는 친구들이 이상하고, 불편하게 느껴졌던 것이리라. 나는 아이의 말을 듣고 아이의 유치원 생활이 궁금해지기 시작했다. 나는 탐정 아닌 탐정이 되어 아이를 관찰하기 시작했다. 그러고는 아이의 억울함을 뒷받침해줄 생활 근거를 찾아 나섰다.

하루는 아이가 빨리 집에 가야 해서 친구들보다 먼저 간식을 먹게 되었다. 나는 아이의 간식 도우미를 자처하며 급식실을 찾았다. 우리 유치원 급식실 바닥에는 아이들이 줄을 서기 편하게, 바닥에 길게 테이프 한 줄을 붙여놓았다. 이 줄을 따라가며 아이들은 밥과 반찬을 식판에 받아 담는다. 질문한 아이가 급식실에 들어섰다.

그런데 아이는 테이프 줄 끝에서부터 걸어서 안으로 들어왔다. 제일 먼저 급식실에 들어오는 친구들은 보통 배식대로 바로 달려가는데 말이다. 아이는 그런 아이들의 일상적인 모습과 많이 다른 모습을 보인 셈이다. 아이는 선생님이 가르쳐준 규칙대로 테이프 줄을 따라 배식대까지 왔다. 아이의 행동에는 줄을 설 때도, 장난감을 정리할 때도 아이만의 일관된 규칙이 있었다.

아이를 데리러 온 엄마에게 유치원에서 있었던 일을 들려주었더니, 깔깔깔 웃으면서 "애 아빠가 꼭 그렇게 해요"라며 아빠의 성품을 꼭 빼닮았다고 말했다. "부전자전이라는 말은 이럴 때 쓰는 말인 것 같다"라고도 했다. 아이는 아빠의 느긋하면서도 규칙적인 성품을 그대로 물려받은 듯했다.

유치원 생활 30년간 나는 수많은 아이들과 부모들을 만났다. 아이에게서 부모의 모습을 발견하기도 하고, 부모의 모습에서 아이를 보기도 한다. 부모의 기질, 성격, 경험, 지혜에 따라 아이를 양육하는 모습도 각기 다르다. 하지만 결국 부모의 마음은 하나다. 아이에게 자신이 가진 가장 좋은 것을 물려주고 싶어 하는 마음이다.

부모 중 아이였던 적이 없는 부모는 없다. 내 아이의 특성을 하나씩 들여다보노라면 내 모습이 그대로 투영되었다는 것을 알게 된다. 내 아이가 누구를 닮겠는가? 내 유전자를 갖고 태어난 내 아이인데 말이다. 부모는 자기 아이가 잘 성장할 수 있도록 강점은 살리고, 약한 부분은 강해지도록 도와주면 된다.

나 또한 부모가 됨으로써 비로소 부모로 성장한 사람이다. 무의식적으로 내가 부모가 된 과정을 아이들에게 답습시켰을 테고. 그러니 먼저 현명한 부모가 되는 것이 중요하지 않겠는가? 그것이 바람직한 사회를 만드는 데 가장 기초가 되는 가치가 아닐까 생각한다.

처음부터 잘하는 아이는 없다

부모들은 대부분 임신과 동시에 태교를 시작한다. 먹고, 보고, 말하는 것, 듣는 것 등 오감을 동원해 태아와 교감하고 이상적인 태내 환경을 만든다. 그렇게 세상에 태어난 내 아이는 이제 세상과 소통을 시작한다. 그러면 부모들은 아이의 교육이라는 문제에 맞닥뜨리게 된다. 하나를 가르치면 열을 알기를 바라는 심정을 갖게 되고, 내 아이가 똑똑하기를 바라는 것이다.

이처럼 부모는 아이가 잘되기를, 잘하기를 바란다. 더 크게는 아이가 공부를 잘해서 좋은 대학에 가고, 좋은 직장에 취업해서 안정적으로 살기를 원한다. "너 잘되면 네가 좋지, 내가 좋으냐"라고는 하지만, 어쩌면 부모 자신을 위해 아이가 잘해주기를 바라는 마음도 있으리라.

아이가 3살이 넘으면 대부분 어린이집이나 유치원에 다니게 된다.

엄마에게는 비로소 자유와 해방감을 느낄 수 있는 시간이 찾아오고, 아이들의 유치원 첫 등원 풍경은 경이롭기까지 하다. 등원하는 아이의 동영상을 찍고, 잠깐의 헤어짐에도 '사랑해'라는 말을 쉼 없이 들려준다. 그런 후에야 엄마들의 등원 전쟁은 마침표를 찍는다.

엄마 마음의 저변에는 '우리 아이가 처음 접하는 환경인데, 잘 적응할 수 있을까'라는 두려움이 깔려 있으리라. 아이들 또한 엄마와 같은 감정일 것이다. 아이마다 발달 정도에 따라 적응 기간이 다르다. 부모와 떨어지는 데 어려움을 겪는 아이는, 유치원 적응 기간이 1년 정도 걸리기도 한다.

이런 적응 기간을 거쳐 아이들의 발표회가 있는 날. 시간에 맞춰 아이들을 데리고 엄마, 아빠들이 유치원으로 들어온다. 부모가 참관하는 발표회인지라 아이들도 긴장한다. '내가 잘할 수 있을까?' 아이는 자신의 모습이 엄마, 아빠에게 어떻게 비춰질지 걱정한다. 엄마, 아빠는 '내 아이가 발표회 무대에서 울면 어떻게 하나?' 하는 걱정과 기대와 설렘으로 심장이 두근두근한다. 궁금해하면서도 긴장하는 건 마찬가지일 것이다.

드디어 발표회가 시작되면 아이들이 무대에 오른다. 발표회장은 긴장 속에서 환호와 흥분, 감동이 물결치는 현장으로 변한다.

만 3살 반 아이들이 무대에 오르고, 아이들은 음악에 맞춰 춤추기 시작한다. 그런데 한 아이가 무대 위에서 꼼짝하지 않는다. 여기저기서 박수를 치고, 응원을 보내도 소용없다. 모두가 안타까워하며 무언의 몸짓으로 계속 아이의 자신감을 북돋는데도 아이는 주위만 두리번거릴 뿐 그대로 얼어붙어 있다.

그래도 다행인 것은, 아이가 무대 위에서 울지 않고 자기 자리를 제대로 찾아갔다는 것이다.

나는 그 아이의 부모를 찾았다. 그런데 그 아이는 바로 내 아이였다. 그리고 나는 그 무대를 바라보며 마음 한쪽이 찌르르해졌다. 다행히 아이를 바라보는 남편의 따뜻한 미소가 눈에 들어왔지만, 마음속에는 안쓰러움과 미안함, 아쉬움이 엉켜 있었다. 웃고 있었지만, 마음은 웃고 있지 않았다. 무대가 끝난 후, 아이에게 조심스럽게 말했다.

"울지도 않고, 무대에 서 있었던 것만으로도 정말 대단했어."

아이는 아무 말 없이, 쑥스럽다는 듯 고개를 살짝 숙였다. 아이가 성장한 후, 그때 이야기를 꺼냈다. 아이의 말은 짧고도 강렬했다.

"그때 왜 그걸 해야 하는지 이유를 몰랐어요."

그 순간, 나는 깨달았다. 내 아이였지만, 아이 마음을 알지 못했음을. 그리고 말해주었다. 모든 것에 이유와 정당성만 있어서 하는 것은 아니라고. 그날 무대는 친구들과 선생님이 함께 준비하는 거였다고. 이유가 궁금했더라도 해야 하는 게 맞았다고. 하지만 부모인 나는 아이에게 '이유'를 말해주는 것을 놓쳤다. 처음부터 잘하는 아이는 없다. 아이에게 필요한 것은, 실수가 아닌 '이해받을 시간'이다.

부모가 보여주는 넉넉한 시선은 아이에게 무엇보다 큰 선물이 된다. 아이가 서 있는 그 자리를 있는 그대로 받아들여주는 부모 앞에서, 아이는 비교 대신 위로를, 실망 대신 신뢰를 배운다.

피아제는 말했다.

"아이는 자신의 경험 속에서 끊임없이 세계를 재구성한다."

실패도, 두려움도, 그 자체가 배움의 일부라는 것이다. 만약 그날, 부모가 다른 아이들과 비교하며 아이를 나무랐다면, 아이의 마음에는 '열등감'이라는 그림자가 조용히 드리워졌을지도 모른다.

만 5세 교실 놀이에 참관할 때다. 여러 명이 앉아서 색종이를 접고 있었다. 전날 담임 선생님에게 배운 것을 아이들이 실행하고 있는 것이었다. 능숙하게 잘하는 친구도 있고, 그저 보고만 있는 아이도 있었다. 그런 아이에게는 색종이 접기를 잘하는 아이가 방법을 가르쳐주기도 했다.

"자, 이렇게 해봐, 반으로 접고, 올리고."

아이들은 일명 꼬마 선생님을 따라 색종이 접기를 시도한다. 처음부터 잘하지는 못해도 친구가 말하는 대로 색종이를 접고 마무리까지 한다. 미술 놀이 영역에서는 이 색종이 접기가 계속 이어지고 있었다. 고사리손으로 여기저기를 누르고 뒤집고 펼치더니 드디어 개구리를 완성한다. 그런 후 그 색종이 개구리로 놀이를 시작한다. 개구리를 눌러 어떤 개구리가 더 멀리 뛰는지 겨루는 게임이다.

아이들은 저마다 소리를 지르며 친구의 개구리를 응원한다. 더 멀리 폴짝 뛰라고 말이다. 그러다 자기 차례가 오면 제법 진지한 표정도 짓는다. 그것 또한 재미있는 풍경이다. 누구 개구리가 더 멀리 갔는지는 눈으로도 알 수 있다. 그래도 아이들은 자기 실내화를 벗어 길이를 재고, 벽에 붙은 종이에 실내화 길이만큼 스티커를 붙인다. 개구리 멀리뛰기 우승자가 결정되는 순간이다. 아이들 놀이 속에서 수학적 개념과 신체 협응, 정서 조절이 동시에 이뤄지고 있었다.

존 듀이(John Dewey)는 말했다.

"교육은 삶의 준비가 아니라 삶 그 자체다."

바로 이 순간이 그렇다. 놀이하는 아이들의 표정은 진지하고, 행복하며, 생기 가득하다. 그 속에서는 단순한 재미만이 아니라 '자기조절력'과 '사회성'이라는 내면의 자산이 쌓이고 있다. 친구와 함께 웃고, 도전하고, 실패하고, 다시 해보는 과정에서 아이는 자연스레 갈등을 조율하고 감정을 다스리는 방법을 익혀가고 있다. 그렇게 놀이는 아이에게 삶을 연습하게 해주는 역할을 하고 있는 것이다.

오늘 아이들이 놀이 속에서 어떤 표정을 지을지 상상해보라. 과연 아이들 마음속에 무엇이 자리 잡게 될까? 아이들은 친구들과 상호작용하며 배려, 공감과 기다림에 더해 감정 조절하는 법을 배운다. 그리고 할 수 있다는 자신감도 키운다. 신체 협응력 또한 놀이를 통해 향상된다. 놀이는 그 자체로 즐거움이다. 놀이하는 아이들 표정에는 행복감이 그득하다.

처음부터 잘하는 아이는 없다. 기본생활 습관을 가르칠 때도 하나씩 하나씩 차근차근 가르치면 된다. 처음부터 잘하기를 기대하는 것은 부모의 욕심일 뿐이다. 아이의 감정을 인정하고 가르치면 아이들은 행동하기 시작한다. 이때도 행동 결과를 칭찬하기보다는 과정을 격려하고 칭찬해주자. 그러면 아이에게는 할 수 있다는 자신감과 내면의 힘이 솟아날 것이다.

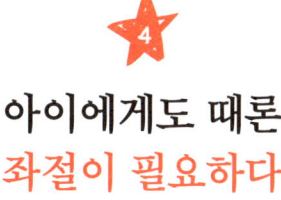

아이에게도 때론
좌절이 필요하다

    부모라면 누구나 바란다. 내 아이가 세상의 험한 길을 조금이라도 덜 힘들게 걷기를. 넘어지지 않도록, 상처받지 않도록 두 팔 벌려 감싸주고 싶은 것이 부모의 마음이다.

    하지만 아이의 성장은 보호 속에서만 이루어지지 않는다. 먹는 것도, 배변도, 매일의 작은 일들도 결국 아이 스스로 해내야 하는 순간이 찾아온다. 아이가 "싫어"라고 할 때마다 부모가 물러선다면, 그 배움은 더디고, 익숙해지기까지 더 많은 시간이 걸릴지도 모른다. 하지만 실수하고 좌절하는 그 순간들이 쌓이며 아이는 조금씩 자립의 첫걸음을 내딛는다. 걸음마를 배울 때도 그렇다. 아이는 수없이 넘어지면서도 다시 일어난다. 넘어지는 것을 두려워하지 않는 건, 걷고 싶은 마음이 더 크기 때문이다. 반면, 아이가 다칠까 봐 마음 졸이는 건 부모다. 그럼에도 부모는 아이가 두 발로 서는 그 순간을 조용히, 따뜻하게 응원하며 지켜본다. 결국, 부모가 할 수 있는 건 아이의 한 걸음 한 걸음에 진심 어린 박수를 보내는 일, 그리고 때로는 넘어질 기회를 주는 것 또한 사랑이다.

그렇게 아이는, 집이라는 안전한 울타리를 넘어 작은 사회로 첫 발을 내딛는다. 유치원이나 어린이집이라는 작은 사회에 들어선 아이는 신발을 스스로 신고, 줄을 서고, 혼자 밥을 먹으며, 친구들과 어울려 갈등도 경험한다.

어느 날, 둘째 아이가 샤워를 하다 갑자기 울음을 터트렸다.

"내가 놀이하려고 하면 친구가 먼저 하겠대요. 나는 기다리는 게 속상해요."

평소 사이좋던 친구와의 작은 갈등이 아이에게는 감정의 무게로 쌓여 있었다. 그 뒤로 아이는 반복해서 말했다.

"다른 유치원으로 가고 싶어요."

"다른 반에 가고 싶어요."

아이는 그 상황을 회피하고 싶은 마음이었다. 우리 부부는 아이의 감정을 충분히 들어주고, 놀이 갈등을 어떻게 풀 수 있을지 함께 고민했다. 며칠 뒤, 담임 선생님으로부터 연락이 왔다. 친구와 잘 화해했다는 이야기였다. 아이는 친구에게 조심스럽게 말했다고 한다.

"내가 이야기할 땐 잘 들어줘."

친구는 자기가 좋아하는 놀이를 둘째도 좋아하는 줄로만 알았다고 했다. 그리고 서로 놀이 결정 시 누가 먼저 할지도 말하기로 했다는 것이다. 두 아이는 서로의 마음을 나누며 약속했고, 관계는 더 깊어졌다.

그 경험을 통해 아이는 중요한 사실을 알게 되었다. 감정을 솔직히 말해도 괜찮다는 것, 그리고 말하는 법을 배우면 관계가 달라질 수 있다는 것.

심리학자 브레네 브라운(Brené Brown)은 "진정한 연결은 우리가 상처받을 수 있는 자신을 기꺼이 드러낼 때 시작된다"고 말했다. 우리가 완벽해 보이려고 노력하는 대신 자신의 불완전함을 드러낼 때 비로소 진정한 연결이 시작된다는 뜻이다. 아이에게 감정을 표현하는 훈련은 작은 상실과 갈등을 견디는 힘을 기르는 일이기도 하다.

이번 경험은 아이에게 마음을 드러내는 용기, 그리고 그 용기가 관계를 어떻게 변화시킬 수 있는지를 보여주는 첫 번째 교훈이 되었을 것이다.

우리 부부는 아이가 친구와의 관계를 회복해가는 모습을 진심으로 기뻐했다.

만 5살 아이가 자기 감정을 솔직하게 표현하는 일은 결코 쉬운 일이 아니다. 거절당할까 봐 두렵고, 말하는 방법도 아직 서툴다. 그럼에도 불구하고 스스로 감정을 표현하고 갈등을 풀어낸 이 경험은, 아이에게 큰 성장을 안겨준 용기 있는 행동이었다.

문득, 첫 아이를 품었을 때가 떠올랐다. 기쁨만 있었던 건 아니다. '직장에 다니며 아이를 잘 키울 수 있을까' 하는 막연한 두려움도 있었다. 나의 엄마도 그러셨을 것이다. 수유하는 법, 기저귀 가는 법, 아이가 왜 우는지 파악하기까지, 수많은 좌절과 시행착오를 겪었을 것이다. 그렇게 실패와 좌절을 통해 우리는 부모가 되어가고, 되었다.

자전거를 보면 나의 유년 시절이 생각난다. 오빠는 겁이 많던 나를 자전거에 태워 운동장을 돌았다. 코너를 돌던 순간 공포에 질려 나는 뛰어내렸다. 그 뒤로는 자전거를 다시는 타지 않았다. 물론 배우는 것도 시도하지 않았다. 그 공포가 좌절로 이어졌기 때문이다.

나의 경험을 교훈 삼아 아이들이 자전거를 배울 시기에 아이들과 운동장에 갔다. 아이들이 자전거 페달을 수없이 놓치고 휘청일 때마다 나는 뒤에서 묵묵히 잡아주었다. 아이들은 수없이 넘어지고 무릎이 까졌다. 두려워했지만 포기하지 않았다. 오히려 포기하고 싶었던 건 우리 부부였다. "누굴 닮아 이렇게 운동 신경이 없냐"라며 웃기도 했다. 하지만 아이들은 끝까지 도전했고, 결국 두 발로 균형을 잡고 자전거를 탈 수 있었다.

 삶은 작은 실패와 좌절, 그리고 조그마한 성취들이 이어지는 여정이다. 아이가 좌절을 이겨낸 경험은 마음속에 용기라는 귀한 씨앗을 심어준다. 그 속에는 자신감도 함께 자라고 있다. 좌절을 겪는 과정은 아이의 마음을 조금씩 단단하게 만들고, 자기 마음에 질서와 계획이라는 틀을 선물한다. 그 선물은 성취로, 그리고 자기효능감으로 이어간다. 세상에 그냥 주어지는 결과는 없다는 것을 아이는 몸으로 배워가는 중이다.

 앞으로도 아이는 수많은 '처음'을 마주하게 될 것이다. 친구와의 놀이, 종이접기, 줄넘기, 글자 익히기, 영어 배우기까지, 어쩌면 평범하게 들리는 그 일상 속 순간들이 아이에게는 세상과 처음 만나는 설렘이자 도전이 된다. 처음이라는 건 언제나 조금 서툴고, 그래서 더 특별하다. 아이는 시도하고, 실패하고, 다시 용기 내어 해보는 과정을 통해 천천히, 그러나 분명하게 앞으로 나아가는 삶을 만들어간다. 종이를 접어 만든 꽃 한 송이, 삐뚤빼뚤한 글씨로 꾹꾹 눌러 쓴 편지 한 장에도 그 여정이 고스란히 담겨 있다.

 말괄량이 삐삐를 떠올려보자. 누구보다 자유롭고 주체적인 아이. 어른들 눈에는 조금 엉뚱하고 제멋대로처럼 보일 수 있지만, 삐삐는 언제나 자기만의 방식으로 세상을 살아간다. 실수해도 괜찮다고 말하듯 웃고, 넘어져도 금세 먼지를 털고 일어나 다시 걸어간다. 삐삐는 세상의 틀보다는 자기 마음의 소리에 더 귀를 기울이고, 그 목소리를 따라 씩씩하게 나아간다. 그런 단단하고도 유쾌한 마음이야말로, 아이를 스스로의 삶으로 이끄는 가장 큰 힘 아닐까.

그리고 언젠가는, 우리가 품 안에 꼭 안겨 있던 그 아이도 부모의 손길이 닿지 않는 곳에서 스스로 선택하고, 결정하고, 책임져야 하는 순간들을 마주하게 된다. 유치원에서, 학교에서, 그리고 어른들의 세계 한가운데서 말이다.

아이 역시 그 사실을 조금은 늦게 깨닫지 않을까. 하루에도 수없이 많은 생각의 파노라마를 타며, 어떤 길로 갈지 마음속에서 조심스레 발걸음을 떼어보곤 한다. 그럴 때마다, 넘어졌던 날, 울음을 참고 다시 일어섰던 날, 손을 꼭 쥐고 무서움을 이겨냈던 순간들이 마음 깊은 곳에서 반짝이며 말을 걸어줄 것이다.

"넌 해본 적 있어. 그리고 다시 해낼 수 있어."

그렇게 아이는 조금씩 단단해지고, 자기만의 색을 지닌 어른으로 성장할 것이다. 그리고 부모는 아이가 겪는 모든 경험이 훗날 든든한 힘이 될 것이라 믿는다. 그 믿음은 부모에게는 위로가 되고, 아이에게는 가장 큰 응원이 된다.

그러니 아이에게도, 때론 좌절이 필요하다. 좌절은 실패가 아니라, 성장을 위한 디딤돌이기 때문이다. 이 경험을 통해 아이는 단단해지고, 타인을 이해하는 공감의 힘도 길러간다. 그리고 아이가 "힘들어요"라고 말할 때는 다정하게 손을 내밀어 말해주자. "그럴 수 있어. 지금도 잘하고 있어"라는 믿음을 담아 기다려주자.

지금은 몰라도, 언젠가 아이는 알게 될 것이다. '넘어졌지만 다시 일어났던 그날'이 자기 자신을 믿는 첫 시작이었음을. 그리고 그 시작을 함께 응원해준 엄마 아빠의 눈빛이, 얼마나 따뜻한 힘이었는지를.

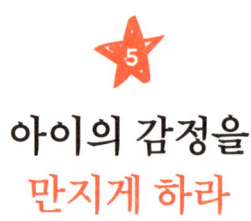

아이의 감정을 만지게 하라

기쁨, 슬픔, 분노, 두려움… 하루에도 수천 가지 생각과 감정이 사람들의 마음속을 스쳐 지나간다. 사실, 오직 행복과 기쁨만으로 채워진 인생은 드물 것이다. 누구나 가정과 학교, 직장 등 다양한 삶의 현장에서 희로애락을 겪으며 살아가는 게 인생이다. 그리고 그 감정을 어떻게 느끼고 다루느냐는 결국 각자의 선택임을 우리는 안다.

아이들도 마찬가지다. 어린이집, 유치원, 가정에서 마주하는 사소한 갈등과 사건 속에서 아이들은 매일 다양한 감정을 느끼고 표현하며 하루를 보낸다. 먹고, 자고, 놀고, 배우는 비슷한 일상을 보내는 하루의 감정은, 아이마다 다르다. 그리고 그 감정을 어떻게 받아들이고 조절해가는지는 아이의 '감정 성장'에 매우 중요한 과정이다.

유아기는 모든 것이 '나'를 중심으로 돌아가는 시기다. 스위스의 심리학자 피아제는 이 시기를 '전조작기'라고 부르며, 아이들이 타인의 입장을 이해하기 어려워 자신이 아는 것은 모두가 안다고 여긴 다고 설명했다. 그래서 아이들은 "내가 꽃이 예쁘다고 말했는데, 쟤는 아니래요"라며 억울함을 호소하곤 한다. 그럴 때는 "그 친구는 다르게 느낄 수도 있단다"라고 천천히 말해주는 것만으로도 아이의 감정은 다독여질 수 있다.

미국의 교육심리학자 로버트 셀먼(Robert L. Selman)은 조망 수용 능력이 3세 무렵부터 서서히 발달하기 시작해, 6세쯤 되면 '같은 상황도 사람마다 다르게 느낄 수 있다'라는 것을 점차 이해하게 된다고 설명했다. 즉, 아이들이 타인의 감정을 상상하고 받아들이는 능력은 단번에 이뤄지는 것이 아니라, 시간을 두고 익혀야 하는 '학습의 과정'이라는 의미다.

아이들의 감정 조절 능력은 선천적인 것이 아니라, 부모와 주변 환경에서 배우는 후천적 기술이다. 말투, 행동, 감정 표현 방식은 부모의 영향을 크게 받는다. 뇌 과학자 질 볼티 테일러(Jill Bolte Taylor)는 이렇게 말했다.

"자녀는 부모의 말을 듣지 않는다. 부모를 본받는다."

아이들은 부모가 감정을 어떻게 다루는지를 보고, 배우고, 따라한다는 것이다. 따라서 부모가 자신의 감정을 다루는 모습을 의식적으로 보여주는 것이 중요하다. 예를 들어, "엄마도 지금 화가 나지만, 숨을 크게 쉬면서 진정해볼게"라고 말하며 감정 조절 과정을 설명해주는 것만으로도 아이에게 큰 학습이 된다. 결국 감정은 저절로 익혀지는 것이 아니라, 배워야 하는 기술(skill)인 셈이다.

나 역시 어린 시절, 감정을 억누르고 눈물로만 표현하곤 했다. 공부에 대한 두려움 속에서 힘들었던 기억이 많다. 그럴 때 엄마가 "공부가 어려워서 속상했구나", "힘들었겠구나", "무서웠겠네" 하고 내 마음을 알아주는 말을 건넸을 때, 서럽던 마음에 금세 편안함이 찾아왔다. 그런 위로의 순간들이 쌓이면서 나는 내 감정에 하나하나 이름을 붙이고, 스스로 다독이는 방법을 배워갔다.

아이들도 마찬가지다. 어떤 아이는 등원을 힘들어하면서도 스스로 "괜찮아, 조금만 있으면 집에 갈 거야", "엄마 보고 싶어도 참아야 해"라고 말하며 자기감정을 다독이는 모습을 보이곤 한다. 반면, 감정을 주체하지 못해 바닥에 엎드려 책상을 밀치거나, 선생님을 때리며 감정조절을 어려워하는 아이들도 있다. 그런 모습을 지켜보며, 나는 스스로에게 물었다.

'아이들은 어떻게 감정을 배워가고 있을까?'

그 아이의 행동은 단지 버릇없는 반항이 아니었다. 그것은 말로 다 하지 못한 감정의 표현이자, 누군가에게 이해받고 싶은 간절한 신호였다. 아이의 행동은 결국 '마음의 언어'였던 것이다.

정신분석학자 하인츠 코헛(Heinz Kohut)은 어린 시절에 부모와 같은 중요한 타인으로부터 공감적 반응을 받는 것이 중요하다고 강조했다. 여기서 공감적 반응이란 아이의 감정, 욕구, 재능 등을 있는 그대로 수용하고 인정해주는 것을 의미한다. 아이의 감정을 있는 그대로 수용할 때 비로소 조절의 힘이 생기는 것이다.

아이가 행동으로 감정을 표현했을 때, 즉시 혼내기보다는 "속상했니? 마음을 말로 표현하면 어떨까?" 하고 제안하는 것은 어떨까. 그리고 "그럴 수도 있지", "많이 힘들었겠구나"처럼 아이의 감정을 인정해주는 말은, 아이가 자신의 감정이 무엇인지 인식하고, 그 감정을 다루는 법을 배우는 데 중요한 역할을 할 수 있다. 감정은 훈육보다 먼저 '이해'되어야 한다.

아이들은 성장하면서 감정 조절 능력 또한 키워나가야 한다. 3세 아이와 10세 아이가 똑같은 방식으로 감정을 표현한다면, 정서 발달에 어려움이 있을 수 있다. 아이의 나이에 맞는 감정 표현과 조절 방법을 알려주는 것 또한 필요하다. 예를 들어 감정이 격해질 때는 잠시 멈춰서 심호흡을 하게 하거나, 조용한 공간에서 감정을 가라앉힐 시간을 주는 것도 좋은 방법이다. 감정을 잘 다루지 못하면 친구 관계에 어려움을 겪고, 자신의 감정을 이해하고 표현하는 능력에도 혼란이 생길 수 있다.

심리학자 다니엘 골먼(Daniel Goleman)은 "IQ보다 중요한 것은 EQ, 즉 감정을 인식하고 조절하는 능력이다"라고 말했다. 감정을 잘 다루는 아이는 스스로를 이해할 수 있고, 타인과도 건강한 관계를 맺으며 성장할 수 있다.

  부모와 교사는 아이가 자신의 감정을 '만지고', '느끼고', '다룰' 수 있도록 도와주는 사람이다. 아이가 원하는 대로 모든 것을 해주는 것은, 순간은 편할 수 있지만, 결국 아이는 감정을 이해하고 조절하는 법을 배우지 못하게 된다. 감정 조절 능력이 부족한 아이는 결국 사회성에도 어려움을 겪을 수밖에 없다. 이것은 진정한 사랑도, 교육도 아니다.

  아이가 스스로 '왜 화가 나는지', '왜 짜증이 나는지', '왜 뜻대로 되지 않아 울고 두려워하는지'를 알아차릴 수 있도록 기다려주는 시간이 필요하다. 그 기다림 속에서 아이는 비로소 자신의 감정을 인지하고, 그것을 다루는 방법을 배우게 되는 것이다.

  부모와 교사는 아이의 '감정 모델'이다. 많은 부모는 아이를 훈육할 때 버럭 화를 내는 것을 당연시할지 모르지만, 이는 훈육이 아닌 감정 표현의 모방만을 가르칠 뿐이다. 아이는 '엄마처럼, 아빠처럼, 선생님처럼' 감정을 표현하게 된다. 아이들이 감정에 이름을 붙이고, 표현하고, 조절하도록 함께 도와줘야 한다. "지금은 속상하지만, 조금 있으면 괜찮아질 거야"라고 따뜻하게 말하며, 일상에서 일관된 태도와 감정 공감을 보여주는 것이야말로 최고의 감정 교육임을 놓치지 말았으면 한다.

감정을 다룰 줄 아는 아이는 자라서 자신의 감정에 책임질 줄 아는 성인이 된다. 이들은 학교와 사회, 관계 속에서 상처를 받아도 다시 일어설 힘을 갖게 되며, 타인의 감정에도 깊이 공감하는 회복 탄력성 좋은 사람으로 성장한다.

《탈무드(Talmud)》에 이런 말이 있다.

"가장 강한 사람은 자신의 감정을 조절할 줄 아는 사람이다."

이처럼 감정을 만지는 법을 배운 아이는 삶에서 무너지지 않는 내면의 힘을 갖게 된다. 감정을 억누르지 않고 스스로 다스릴 수 있도록 돕는 일, 아이의 감정을 함께 어루만지는 일이야말로 부모와 교사가 아이 곁에서 걸어야 할 가장 중요한 길이다.

주위 환경도
교사다

 아이에게 가장 큰 영향을 미치는 교사는 누구일까? 많은 이들이 부모나 선생님을 떠올리겠지만, 정작 아이를 가장 오래, 가장 깊이 가르치는 교사는 따로 있다. 바로 '환경'이다. 모든 부모는 아이가 건강하게 자랄 수 있는 최적의 환경을 만들어주기 위해 노력한다. 이는 단순히 예쁜 방이나 값비싼 장난감을 넘어, 아이의 성장에 필요한 다양한 요소들을 포함한다. 맹자의 어머니가 아들의 교육을 위해 세 번이나 이사했다는 '맹모삼천지교' 이야기는 교육에 있어 환경의 중요성을 상징적으로 보여준다. 또한, 심리학자 프로이트는 유년기 경험과 환경이 성격 형성에 지대한 영향을 미친다고 강조했으며, 우리나라 신사임당의 교육 방식에서도 어머니가 조성한 환경이 자녀에게 미친 긍정적인 영향을 엿볼 수 있다.

 이처럼 우리는 모두 다양한 환경 속에서 자신의 정체성과 세상을 이해하는 방식을 형성해나간다. 아이들 역시 마찬가지다. 아이에게 환경은 단순한 물리적 공간이 아니라, 관계이자 정서이며, 끊임없이 배우는 성장의 장이라는 사실이다. 발달심리학자 브론펜브레너(Bronfenbrenner)가 '인간 발달이 가족, 이웃, 사회, 문화 등 여러 환경 체계의 상호작용 속에서 이루어진다'고 설명했듯이, 환경이 아이의 삶에 지대한 영향을 미친다는 사실은 부인할 수 없다. 결국, 환경은 말없이 가장 강력하게 아이를 가르치는 조용한 교사인 셈이다.

아이가 처음 세상을 마주하는 곳은 엄마의 뱃속이다. 아무런 경험 없이 태어나는 '백지 상태'의 아이에게 뱃속 환경은 모든 것을 받아들이는 첫 배움의 터전이다. 부모는 임신 전부터 아이를 위한 신체적, 정서적 환경을 세심하게 조성하고, 태교를 통해 이 첫 환경을 다듬어준다. 이후에도 아이는 오감을 통해 끊임없이 경험을 축적하고, 부모의 목소리와 표정을 신뢰하며 성장해나간다. 이처럼 환경은 말없이 아이에게 지속적인 영향을 미치며, 우리는 교실 밖 교사, '환경'의 수업 안에 매일 함께 살아가고 있다.

어느 날 만 4세 아이의 학부모가 상담을 요청해왔다. 아이가 유치원에서 친구 관계로 어려움을 겪고 있었고, 등원을 힘들어한다는 내용이었다. 하루는 아이들을 내 사무실로 초대해 간단한 다과를 나누며 이야기를 나눴다.

"친구랑 잘 지내려면 어떻게 해야 할까?"

한 아이가 말했다.

"그냥 같이 놀면 돼요."

또 다른 아이가 덧붙였다.

"같은 학원 다니면 돼요."

내가 물었다.

"같은 학원 다니면 친해지는 거야?"

아이가 고개를 저으며 말했다.

"아니요, 같이 놀아도 꼭 친한 건 아니에요."

이 짧은 대화는 많은 것을 보여줬다. 아이들은 어른들처럼 '친하다'라는 말로 관계를 고정하지 않았다. 관계는 흐르는 것이고, 놀이하며 조율하는 과정이었다. 그렇게 함께한 대화는 아이가 자연스럽게 친구들과 스며드는 계기가 되었다.

요즘 부모들은 아이의 친구까지 대신 정해주기도 한다. '엄마 친구의 아이'가 곧 '내 아이의 친구'가 되고, 아이는 그렇게 스스로 친구를 사귀는 경험을 놓치게 된다. 친구를 사귀는 과정에서 갈등도 겪고, 조율도 배우며, 거절도 경험해야 사회성이 자란다. 그러나 익숙한 관계만 허용된 환경에서는 그런 경험이 차단된다. 유치원 입학 시기에 부모들이 같은 어린이집 아이들과 같은 반이 되기를 바라는 것도 이런 맥락이다. '조금이라도 빨리 적응했으면 좋겠다' 하는 부모의 마음은 이해되지만, 그 안에는 아이가 경험을 통해 관계를 형성할 기회를 제한하는 위험도 함께 존재한다.

유치원은 아이들의 작은 사회다. 부모의 품을 벗어나 또래와 어울리며, 규칙을 익히고, 협동과 갈등을 배우는 첫 공동체다. 이 시기에 아이는 '함께 살아가는 법'을 몸으로 익힌다. 하루 일과 속 산책과 놀이, 식사와 정리, 대화와 갈등 조정 모두가 교육이다. 유치원이라는 환경은 단지 보살핌의 공간이 아니라, 성인기의 토대를 준비하는 '작은 사회'다.

가정이라는 환경 또한 아이에게는 강력한 교사다. 나 역시 부모로서의 삶 속에서 그 사실을 실감했던 순간이 있다. 셋째 아이는 조부모님과 보내는 시간이 많아 할머니, 할아버지와의 생활이 익숙했다. 직장에 다니는 나로서는 불가피한 상황이었다. 하지만 초등학교 고학년이 되면서, 아이에게 성실함과 책임감이 요구되는 시기가 찾아왔는데도, 아이는 여전히 노는 것에만 집중하려 했다. 어느 날 학원을 빠지고 친구들과 놀이터에서 놀고 있는 아이를 발견했고, 화가 나서 아이를 데려와 크게 야단을 쳤다.

그때 문밖에서 들려온 어른들의 목소리가 아직도 귓가에 생생하다.

"아이들은 타고난 재능대로 자기 몫을 하는 법이니, 너무 야단치지 마라."

나는 그 말에 반박하고 싶었지만, 그것에 담긴 시선을 이해하려 노력했다. 그때는 미처 보지 못했다. 아이는 내가 모르는 또 다른 세계, 또 다른 환경 속에서 자기만의 이유로 행동하고 있었던 것을. 어른의 시선과 아이의 현실이 다를 수밖에 없다는 것을 머리로는 이해했지만, 마음으로 받아들이긴 어려웠다. 지금도 그때를 생각하면 아쉬움이 남는다.

흔히 어른들은 "공부는 때가 되면 한다"라고 말한다. 일면 맞는 말일 수 있지만, 그 '때'에 아이가 스스로 깨닫고 능동적으로 움직이도록 돕는 부모의 역할도 매우 중요하다. 아이가 공부의 필요성을 '발견'할 수 있도록 환경을 조성하고, 적절한 훈육과 교육으로 올바른 습관을 형성할 때 비로소 진정한 '때'가 도래하는 것이다. 이는 비단 공부에만 국한되지 않는다. 유아기, 아동기, 청소년기 각 시기에 맞는 환경과 경험이 꾸준히 쌓여야 아이는 비로소 자신을 이해하고 사회에 적응할 수 있는 진정한 힘을 갖추게 된다.

유치원 환경도 마찬가지다. 물리적 공간은 모두에게 동일하지만, 아이들이 느끼는 정서적 환경은 다르다. 마치 지문처럼 고유하다. 어떤 아이에게는 놀이터가 즐거움이자 배움의 장이지만, 어떤 아이에게는 두려움일 수도 있다. 같은 환경이라도 받아들이는 감정과 해석은 각기 다르기 때문이다. 그래서 환경은 고정된 것이 아니라, 아이에 의해 재구성되는 또 하나의 교사다.

유치원에서는 매일 아침, 반복되는 규칙을 아이들에게 상기시킨다. 반복되는 규칙 안에서 아이들은 안정감을 느끼면서 생활을 하기 때문이다.
"친구를 때리면 안 돼요", "밥 먹기 전 손 씻어요", "가지고 논 장난감은 정리해야 돼요" 이러한 작은 습관 교육은 공동체 안에서의 행동 규범을 내면화시키는 과정이다. 규칙과 습관이 일상 속에서 반복되며, 아이의 사회성을 자극하고 훈련시킨다.

심리학자들은 말한다. 아이들은 5~6세까지 주변 환경으로부터 자존감 형성에 가장 큰 영향을 받는다고. 자존감은 '자신이 할 수 있는 것'을 부모가 인정해주는 데서 출발한다. 예컨대, 3세 아이가 신발을 혼자 신는 것은 대단한 일이다. 아이의 시도에 간섭하지 않고, 기다려주는 것. 그것이 자존감 형성의 시작이다. 자존감이 높은 아이는 유치원에서 겪는 실패를 견뎌낸다. 넘어지고 일어나는 것을 배운다.

성인도 마찬가지다. 자존감이 낮은 성인은 아무리 많은 성취에도 불구하고 늘 불안하며, 끊임없이 자신의 가치를 증명하려 애쓴다. 이처럼 환경은 아이와 어른 모두에게 '자신'을 만들어가는 거울이자 교사다.

우리는 환경이라는 교사 앞에서 매일 배우고 있다. 말이 없어도, 교과서가 없어도 환경은 가르친다. 아이의 곁에 있는 모든 것(공간, 감정, 관계), 그 자체가 교사가 된다. 아이가 행복한 성장을 이루려면, 우리는 환경을 단지 꾸며주는 것이 아니라 '살아 있는 교사'로 구성해야 한다. 이처럼 환경은 아이의 성장을 조용히 이끄는 가장 강력한 교사로서 존재한다.

엄마의 행복은
아이의 마음에 담긴다

"엄마, 자?"

"엄마, 다음은요?"

"엄마, 또 해주세요."

우리 집 아이들은 밤마다 나를 확인했다. 유치원과 초등학교 시절, 불을 끄면 아이들의 목소리가 어둠 속에서 다시 피어올랐다. '엄마, 하나만 더' 그 말은, 오늘 하루를 마무리하는 작은 의식 같았다. 책을 두 권쯤 읽고 나면, "이제 그만 자자"라는 말이 절로 나왔다. 결국, 동화의 마지막은 늘 도깨비 이야기였고, 우리는 웃으며 함께 잠들곤 했다.

심리학자 프로이트는 말했다.

"부모는 아이에게 있어 전 생애를 통틀어 가장 최초로 만나는 가장 강렬한 사랑의 대상이며, 이 관계는 이후 모든 관계의 원형이 된다."

나는 어릴 적 엄마의 얼굴을 또렷이 기억하지 못한다. 정확히 말하면, 엄마의 얼굴 생김새는 중요하지 않았다. 엄마의 체취, 손길, 음식 냄새, 그 따뜻한 분위기가 내 기억 속 '엄마'다. 도시락 반찬으로 싸 주던 홍합조림, 토종 밀로 만든 갈색 찐빵, 겨울 아궁이 앞에서 부지깽이를 두드리며 노래하던 엄마.

그 시절 친구들과 골목에서 숨바꼭질하던 어느 저녁, 여기저기서 들려오던 "밥 먹으러 와라"라는 소리는 '그만 놀아라'라는 뜻이기도 했다. 나의 엄마는 많이 배우지 못했지만, 사랑에는 조건이 없었다. 쓰다듬고 안아주던 엄마의 품은 나의 안식처였고, 그 사랑은 나를 거쳐 이제 내 아이들에게 흘러가고 있다.

엄마와 아이의 관계는 애착이라는 형태로 아이 마음에 자리 잡는다. 안정된 애착은 세상을 나아갈 힘이 되지만, 불안정한 애착은 세상에 대한 불신으로 이어질 수 있다. 아이들은 표정, 말투, 분위기를 통해 감정을 읽는다.

우리는 종종 "아직 몰라서 좋을 때야"라며, 아이의 감정 능력을 가볍게 여기지만, 사실 아이는 어른보다 더 예민하게 공감한다는 것을 우리는 모를 뿐이다.

아이에게 엄마는 생활의 교과서다. 엄마의 언어, 표정, 행동 하나하나가 아이에게는 인생의 첫 안내서다. 엄마가 웃으면 아이도 따라 웃고, 엄마가 슬퍼하면 아이도 말없이 안긴다.

공감 능력은 태어나는 순간부터 조금씩 자라기 시작한다. 그 기초는 0~3세, 엄마와의 애착 관계 속에서 만들어진다. 이 시기의 아이는 엄마의 말에 귀를 기울이며 정서적 교류를 통해 감정의 언어를 배워간다. 그리고 만 4세에서 7세 때 감정 조절과 이해 능력이 눈에 띄게 발달하며, 공감의 결정적 시기가 찾아온다.

이때 아이는 타인의 감정을 상상하고, 배려하고, 조율하는 능력을 본격적으로 키워간다. 이 시기에 중요한 것은 '가르침'이 아니라 '함께하는 태도'다. 아이가 조리 없이 말을 하더라도 말을 끝까지 듣고 기다려주는 것, 눈을 맞추고 고개를 끄덕이며 추임새를 넣어주는 것 등 이런 몸짓 하나하나가 아이 마음을 여는 열쇠가 된다.

부모의 따뜻한 시선과 반응 속에서 아이는 자신이 존중받는 존재임을 느끼고, 그 감정을 타인에게도 자연스럽게 확장해간다. 공감은 결국, 아이 마음에 스며드는 사랑의 또 다른 이름이다.

한때, 학교에서 집으로 돌아오는 길이 두려웠던 시절이 있었다. 엄마와 할머니 사이의 갈등 때문이었다. 그때 느꼈던 불안함은 지금도 생생하다.

물론, 엄마와 할머니는 나에게 예의, 생활 태도 등 일상의 기본을 가르쳐주셨고, 지금 돌이켜보면 그 모든 가르침이 내 삶의 질서가 되었다. 하지만 좋은 기억만 있었던 것은 아니다. 어린 나는 엄마가 할머니와 맞서지 않기를 간절히 바랐다.

서로의 마음을 이해하고 대화를 통해 갈등을 지혜롭게 풀어나갈 수 있었더라면 어땠을까 하는 안타까움이 컸다. 그러면 다툼 대신 웃음이, 그리고 편안함이 아이의 감정 울타리가 되어줬을 것이다.

그 시절 할머니와의 다툼을 지켜보며, 싸움이 없으려면 참는 편이 낫다고 생각했었다. 그 결과, 어릴 적부터 '어른에게 말대답하지 않겠다'라고 다짐하게 되었다. 어쩌면 그때의 기억은 나를 단순한 순응과 순종이 아닌, 스스로를 지키기 위한 조심스러운 성찰로 이끌었는지도 모른다.

이따금 나는 궁금해진다. 내 아이들에게 나는 어떤 엄마로 기억될까.

우리 부모님은 서로 사랑이 깊었다. 엄마는 외며느리로서의 고단함이 있었고, 아버지는 타지 생활의 외로움이 있었지만 두 분은 언제나 다정하셨다. 아버지는 한 달에 한 번 집에 오셨고, 돌아오기만 하면 우리 오 남매를 앉혀놓고 한 달 동안의 삶을 들려주셨다. 그건 공부 이야기가 아닌, '삶'의 이야기였다. 신문을 읽고, 시를 읊어주던 아버지의 모습은 지금도 내 안에 살아 있다.

엄마가 세상을 떠나고 발인식이 있던 날, 아버지는 엄마의 발인식이 끝나갈 즈음 장지에 도착하셨다. 관을 열고 조용히 엄마 이마에 마지막 입맞춤을 하셨다. 그 장면은 내게 슬픔이었지만, 동시에 사랑이 담긴 이별로 남았다. 부모님의 마지막 인사가 내 마음을 단단하게 지탱해줄 또 다른 기억이 되었다. 아버지는 동화를 읽어주시진 않았지만, 동화 대신 나의 하루를 묻고, 세상을 보여주셨다. 그 따뜻한 관심과 대화, 삶을 배우는 자세가 곧 내 삶의 동화였다.

아이들은 부모에게서 좌절도 배운다. 모든 것을 허락하는 것이 사랑이 아니기 때문이다. 원하는 것을 얻지 못하더라도, 부모가 눈을 맞추고 마음을 읽어주는 존중을 보여준다면, 아이들은 사랑받고 있다는 느낌 속에서 만족과 행복을 경험하게 된다.

"부모가 많이 웃으면 아이는 행복하다."

이 단순한 말은 진실이다.
엄마 아빠의 웃는 얼굴은 아이 마음에 영상처럼 새겨지기도 하고, 필요할 때마다 그 영상이 아이의 마음속에서 재생된다. 그 기억의 색감은 아이가 세상과 소통하는 또 다른 빛이 된다.

행복한 부모가 아이를 지킨다. 부모의 감정이 아이의 마음에 천천히 스며들어, 세상을 살아가는 단단한 힘이 된다. 결국, 아이는 엄마의 마음을 먹고 자라고, 엄마의 따뜻한 말, 눈빛, 웃음은 아이의 내면에 고스란히 담겨서 남는다. 그래서 엄마의 행복은 곧 아이의 마음에 담기는 빛이다. 오늘 내가 웃는 만큼, 아이는 내일을 더 밝게 걸어갈 수 있다.

2장

육아가 거짓말처럼 수월해지는 소통의 기술

거짓말을
몰라요

"이건 뭐야?"

하얀 벽지에 큼직하게 그려진 낙서를 보며 물었다. 아이는 눈을 피하며 말한다.

"나 아니에요."

분명 조금 전, 색연필을 들고 까르르 웃으며 벽에 그림을 그리고 있었는데 말이다. 어른의 눈에는 '들통난 거짓말'이지만, 아이의 표정에는 억울함이 가득하다. '왜 엄마는 내가 잘못한 것처럼 묻지?' 하는 눈빛이다. 이처럼 아이들은 종종 어른의 이해 밖에 있는 방식으로 진실을 말하고 감정을 표현한다.

유아기 아이들의 거짓말은 어른의 거짓말과 다르다. '정직'의 개념도, '사실과 상상'의 경계도 아직 분명하지 않다. 현실보다 바라는 마음이 더 앞서고, 그 바람이 말이 되는 시기다. 실수를 감추기 위한 계산보다는, 혼나고 싶지 않은 마음, 사랑받고 싶은 마음이 더 큰 이유이기도 하다.

초등학생이 되면 상황은 조금 달라진다. 아이들은 사생활을 지키고 싶고, 실수는 감추고 싶으며, 친구들 앞에서는 잘 보이고 싶다. 자기방어, 인정 욕구, 부끄러움, 자존감 같은 복잡한 감정들이 말끝에 얹힌다. 때로는 마음을 보호하려는 방식으로 거짓말을 택하기도 한다.

우리는 아이가 거짓말을 할 때 쉽게 실망하거나 다그친다. 하지만 그 말 뒤에 어떤 마음이 숨어 있는지, 그 마음이 얼마나 여리고 절실한지를 헤아리려는 시도는 부족할 때가 많다. 아이는 종종 '혼나지 않는 것'보다, '내 마음을 알아주는 어른'을 더 원한다. 혼내는 대신 묻고, 다그치는 대신 들어줄 때, 아이는 비로소 자기 마음을 말할 준비를 한다.

어느 날, 유치원을 다녀온 아이의 가방에서 낯선 머리띠 하나를 발견했다.

"가방에 머리띠가 있네? 엄마가 사준 건 아닌데, 누가 준 거야?"

내 물음에 아이는 망설임 없이 대답했다.

"친구가 줬어. 내가 예쁘다고 말하니까 그냥 줬어."

순간, 나는 아이의 말을 어떻게 받아들여야 할지 혼란스러웠다. "친구도 엄마에게 허락을 받아야 너에게 줄 수 있는 건데, 그건 다시 돌려줘야 해"라고 부드럽게 설명했지만, 아이는 울음을 터뜨리며 "아니야, 친구가 나한테 줬어!"라고 단호하게 말했다. 그 말에 진심이 담겨져 있었다. 아이는 '거짓말을 했다'라는 인식보다, 자기가 정당한 행동을 했다고 믿고 있었던 것이다.

다음 날, 나는 머리띠를 다시 가방에 넣어 보내고, 유치원 선생님께 이 상황을 조심스럽게 말씀드렸다. 아이는 결국 친구에게 머리띠를 돌려줬고, 사과도 했다. 아이 마음은 얼마나 떨리고 두려웠을까.
잘못을 인정하고, 그 잘못을 직접 바로잡는 일은 어른에게도 결코 쉽지 않은 일이다. 하물며 아이에게는 얼마나 큰 용기가 필요했을까.

사실, 그보다 먼저 당황한 것은 부모인 나였다. 아이의 행동을 '거짓말'이라고 단정 짓기도 어려웠고, 그렇다고 아무 일 없었던 것처럼 넘기자니 친구와의 관계나 아이의 태도에도 영향을 줄까 걱정되었다. 그 순간 내 안에 자책이 밀려왔다. '혹시 내가 너무 무섭게 다그쳤던 건 아닐까?' 혹은 '너무 허용적인 태도가 문제였던 것일까?' 아이는 왜 진실을 회피했을까. 그것은 거짓이라기보다 아직 감정과 욕구를 구분하지 못 한 채 드러난 자연스러운 표현일 뿐이라고 스스로를 위안했다.

　유치원에서 돌아온 아이는 용기를 내어 친구에게 머리띠를 돌려주며 "미안해"라는 말도 했다고 말했다. 나는 그 작은 용기에 귀 기울이고, 잘했다고 꼭 안아줬다. 잘못을 바로잡기 위한 실천은 그 어떤 말보다 큰 성장의 발자국이니까.
　만약 그 순간, 아이가 거짓말을 했다는 사실에만 분노하거나, 친구 물건을 가져온 행동만을 문제 삼아 다그쳤다면 어땠을까. 아이는 자신이 잘못을 인정한 경험보다 부모의 화난 얼굴과 무서운 말만 기억했을지도 모른다. 거짓말을 했다는 '사실'만을 부각하면, 아이 마음에는 죄의식이 깊이 자리 잡고, 앞으로 잘못을 솔직히 고백하는 대신 감추고 회피하는 법을 배웠을 것이다.

　피아제에 따르면 도덕성은 인지발달 이후에 비로소 자리 잡는다고 한다. 아이들은 4세 전까지는 규칙을 이해하거나 도덕적으로 판단하는 데 한계가 있다. 하지만 그렇기에 더욱, 부모는 아주 이른 시기부터 '내 것'과 '네 것'의 개념을 생활 속에서 꾸준히 알려줘야 한다.
　소유의 개념은 정직함의 기초가 된다. 내 것이 소중하다는 감각을 먼저 느낀 아이는, 타인의 것도 소중하다는 감정을 자연스럽게 배운다. 내 욕구가 충분히 채워져야만, 친구에게 양보할 여유도 생긴다. 도덕은 가르치는 것이 아니라, 경험 속에서 체득되는 것이다.
　또 한 가지 놓치지 말아야 할 것은, 아이는 부모의 말보다 행동에서 훨씬 많은 것을 배운다는 점이다. 가끔 부모는 상황을 모면하기 위해 아이 앞에서 무심코 거짓말을 하기도 한다.

가령, 모임에 나가야 할 때 "엄마 아파서 병원 다녀올게"라고 말하면서 아이를 안심시킨다면, 그 순간 아이는 모를 것이라고 생각하지만, 부모가 돌아왔을 때 묻는다.

"엄마, 병원 안 갔잖아. 왜 거짓말했어?"

그 물음 앞에서 어른은 당황하고, 아이는 혼란을 느낀다. 아이들은 우리가 생각하는 것보다 훨씬 민감하게 어른의 말과 행동을 기억하고 연결한다. 그래서 부모의 작은 거짓말 하나가 아이에게는 '이 상황에서는 거짓말을 해도 되는구나'라는 신호로 작용할 수 있다. 결국 말과 행동이 일치하지 않는 경험은 아이에게 혼란을 줄 뿐 아니라, 정직함에 대한 기준을 흐리게 만들 수도 있다.

유아기의 거짓말은 대부분 상상과 현실의 경계에서 비롯된다. 잘 보이고 싶은 마음, 꾸중을 피하고 싶은 마음, 혹은 그랬으면 좋겠다는 바람이 말로 튀어나오는 것이다. 그렇다고 해서 이를 대수롭지 않게 여기거나, 반대로 무조건 꾸짖음으로 대응해서는 안 된다. 거짓말은 틀림없는 잘못이지만, 그 안에는 아이의 마음이 숨어 있다.

정직은 훈육이 아니라 대화를 통해 길러져야 하는 감각이다. 부모가 조급하지 않게, 일관되게, 따뜻하게 말하고 행동할 때 아이는 조금씩 진실을 이야기하는 힘을 기른다.

그렇다면, 아이들이 거짓말을 했을 때 부모는 어떻게 반응해야 할까? 사실 우리 역시 어릴 때 크고 작은 거짓말로 부모나 형제에게 꾸지람을 들었던 기억이 있을 것이다. 그때의 기억을 떠올려보면, 혼이 나는 순간 '내가 나쁜 사람인가?'라고 느낀 적도 있었을 것이다. 하지만 아이의 잘못된 행동을 꾸짖는 것보다 더 중요한 것은, 그 행동이 왜 잘못되었는지를 알게 해주는 일이다.

'잘못을 인정해도 안전한 가정'에서 자란 아이는 정직하고 도덕적인 어른으로 성장할 가능성이 높다. 거짓말을 절대적인 잘못이나 혼날 일로만 인식하기보다는, 진실을 말할 용기와 책임감을 키워주는 기회로 삼아야 한다.

부모는 아이의 거짓말을 단순히 나무라는 대신, 왜 그런 선택을 했는지 그 마음을 들여다봐야 한다. 그리고 아이가 진실을 말했을 때는 용기를 낸 것에 대해 칭찬해줘야 한다. 어릴 때의 습관은 성인이 된 후에도 깊이 영향을 미치므로 사소한 거짓말이라도 습관화되지 않도록 지도해야 한다. 거짓말이 타인에게 미치는 영향과 자기 자신에게 돌아오는 결과까지 이해시키는 것이 중요하다.

모든 것은 사소한 것에서부터 시작된다. 아이에게 정직함의 가치와 진실을 말하는 힘을 길러주려면, 부모가 먼저 모범이 되어야 한다. 일상 속에서 일관된 행동과 태도로 아이를 안내하고, 생활 속 모든 순간이 교육이 되도록 이끄는 것, 그것이 부모가 할 수 있는 가장 깊은 사랑이며, 아이를 정직한 사람으로 성장시키는 가장 확실한 길이다.

수줍음일까,
두려움일까?

　우리 아이가 어디서든, 누구를 만나든 인사를 잘하면 괜히 뿌듯하고 흐뭇해진다. 반면, 낯선 사람 앞에만 서면 눈을 아래로 내리고, 엄마 옷자락 뒤에 숨고, 이름이나 나이를 물어도 대답하지 못한 채 얼굴만 슬쩍 내미는 모습을 보면 속이 타들어간다. "왜 인사 안 해?", "말 좀 해봐" 하고 다그치고 싶은 마음이 올라온다.

　이런 수줍음은 두 돌이 지난 아이들에게서 흔히 나타나는 자연스러운 발달 과정이지만, 부모 입장에서는 당황스럽고 답답하다. 집에서는 재잘재잘 잘만 말하는 아이가 유독 밖에서, 특히 어른들 앞에서는 얼어붙은 듯 말을 못 하니, 부모로서 애가 타는 것이다. 결국 참다 참다 집에 돌아와 "왜 자꾸 그렇게 말도 안 하고 가만히 있어?"라고 쏘아붙이기도 한다. 하지만 이런 반응은 아이의 태도를 바꾸기보다, 오히려 수줍음과 불안을 더 키우는 결과로 이어질 수 있다.

"우리 아이가 사람들 앞에서 말을 잘 못 해요. 너무 수줍은 걸까요, 아니면 뭔가 두려운 걸까요?"

부모들이 종종 하는 질문이다. 겉으로 드러나는 모습은 비슷하지만, 그 안에 담긴 감정은 아이마다 다를 수 있다. 어른보다 감정을 명확히 표현하는 데 서툰 아이에게 수줍음과 두려움은 종종 섞여 나타난다. 수줍음은 아이의 기질에서 비롯되기도 하고, 두려움은 이전의 부정적인 경험에서 생기기도 한다.

예를 들어, 낯선 환경에서 여러 시선이 자신을 향할 때 긴장을 느끼는 것은 어른도 마찬가지다. 새로운 사람을 만나면 누구나 약간의 '적응 시간'이 필요한 것처럼, 아이 역시 '반응 시간'이 필요하다. 이 시간을 충분히 보장해주지 않고, 당황한 부모가 아이에게 "빨리 인사해", "부끄럽게 왜 이래" 하고 강요하면, 아이는 더 깊은 혼란에 빠질 수 있다. 자기 안의 감정을 정리할 시간도 없이 평가받고 지적당하는 경험은 이후 대인 관계에서도 불안 요소로 작용할 수 있다.

이때 필요한 것은 '말을 잘하게 하는 훈련'이 아니라, 아이 마음속의 혼란을 알아차리고 다정하게 기다려주는 부모의 태도다. "지금 낯설어서 그런가 봐", "괜찮아, 천천히 해도 돼" 같은 말은 아이에게 큰 안심이 된다. 자기감정을 존중받았다는 경험은 아이 스스로 상황에 적응할 수 있는 힘으로 이어지기 때문이다.

아이의 행동을 바꾸려 하기 전에, 그 행동 아래에 있는 감정을 먼저 이해하려고 해보자. 어쩌면 인사를 못 한 것이 아니라, 낯선 분위기를 감당하기 어려웠던 것일 수 있다. 말수가 적은 것이 아니라, 그 순간 마음을 표현할 말이 떠오르지 않았을 수 있다.

우리 아이가 지금 수줍은 것일까, 두려운 것일까? 그 답은 부모의 관찰과 기다림 속에서만 조금씩 드러난다. 아이의 속도를 존중하는 것. 그것이 아이의 마음을 돌보는 첫걸음이다.

수줍거나 두려움을 느끼는 아이들도 친구들과 어울리고 싶은 강한 욕구가 있다. 다만 그 마음을 표현하고 실행하기까지 충분한 준비 시간이 필요할 뿐이다.

나는 주말이면 아이들과 함께 놀이터에 나가곤 했다. 직장인 엄마로서 또래 엄마들과 어울릴 기회도 적었고, 다른 아이들 사이에서 내 아이의 모습을 객관적으로 바라볼 기회도 부족했다. 놀이터에서 만난 아이들은 다양했다. 누구와도 잘 어울리며 친구를 사귀는 사교성 좋은 아이, 혼자 노는 것을 좋아하지만 친구를 자연스럽게 끌어당기는 아이, 그리고 엄마 뒤에서 천천히 적응할 시간을 기다리는 아이까지, 각기 다른 기질을 지닌 아이들이었다.

내 아이 셋도 마찬가지였다. 엄마 곁에서 머뭇거리며 친구들에게 다가가 놀기까지 시간이 걸리는 아이의 마음속에는 분명히 '나도 놀고 싶다'라는 간절한 욕구가 자리 잡고 있었다. 놀이터에서 신나게 뛰고 웃으며 놀고 싶은 마음은 굴뚝같지만, 막상 용기를 내기가 쉽지 않을 뿐이다. 처음에는 아이들이 놀자고 다가와도 고개를 저으며 거절하던 아이도, 시간이 조금 흐른 뒤에는 자연스럽게 친구들 사이에 녹아들며 놀이를 시작했다. 그 모습을 지켜보며 나는 한숨을 돌리고, 아이가 자신만의 속도로 세상과 조금씩 가까워지는 모습을 감사히 바라볼 수 있었다.

이처럼 아이가 자신의 마음을 스스로 조율할 수 있도록 돕는 것이 부모의 중요한 역할이 아닐까. 단지 "잘해봐", "가서 놀아봐" 같은 재촉이나 조언보다는 아이가 스스로 타이밍을 찾을 수 있도록 묵묵히 지켜봐주는 것이 훨씬 효과적이다. 부모의 기다림 속에서 아이는 '내 마음이 존중받고 있다'라는 경험을 하게 되고, 그 경험이 쌓일수록 아이의 내면에는 자신을 지지해주는 힘, 곧 자기조절력과 사회적 자신감이 조금씩 자라난다.

수줍음과 두려움은 아이가 성장하는 과정에서 겪는 자연스러운 감정이다. 수줍음은 마음의 준비 과정이며, 두려움은 스스로를 보호하려는 본능이다. 부모는 아이가 낯선 상황에서 '내 마음이 준비되었을 때 천천히 다가가고 싶다'라는 신호로 이해해야 한다. 이 두 감정은 결국 '내 마음이 소중하다'라는 표현이기에, "우리 아이는 원래 그래요"라며 대수롭지 않게 넘기거나 다그치는 것 또한 도움이 되지 않는다. 대신 조용히 아이가 이룬 작은 성취를 인정하며 격려하는 태도가 필요할 뿐이다.

아이들은 새로운 사람과 공간, 규칙에 대해 두려움과 불안을 느낄 수 있다. 때로는 텔레비전에서 본 이야기나 부모의 걱정을 과장해 상상하며 걱정하기도 한다. 작은 상처에도 크게 반응하고 평범한 일에도 두려워할 수 있다. 친구에게 놀림을 받거나 어른에게 혼난 경험은 아이를 움츠러들게 만들고, 이런 경험이 반복되면 말수가 줄고 위축되기 십상이다. 이때 부모가 해야 할 일은 아이에게 '안전한 울타리'가 되어주는 것이다. 아이가 왜 위축되었는지 귀 기울여 듣고 공감해주는 것이 중요하다. "괜찮아. 엄마가 네 마음을 알아", "그때 무서웠구나, 힘들었겠다" 같은 공감의 말 한마디가 아이 마음의 두려움을 녹이고 부모에 대한 신뢰를 쌓는 시작이 된다. 이 신뢰는 아이가 마음을 열고 세상에 나아갈 힘이 된다.

아이가 가진 강점(기다림, 차례 지키기, 그림 그리기, 종이접기, 줄넘기 등)은 두려움과 수줍음을 이겨내는 자신감의 토대가 된다. 부모가 이러한 강점을 지지하고 칭찬할 때, 아이는 스스로에 대한 믿음을 키워나갈 수 있다. 이 과정에서 쌓이는 자연스러운 대화와 긍정적인 반응은 아이가 자신 있게 세상 밖으로 나아갈 수 있는 힘이 되고, 부모는 아이의 든든한 '항구'가 되어준다.

수줍음은 피어나는 꽃봉오리와 같고, 두려움은 잠시 그늘 속에 숨은 마음일 수도 있다. 부모가 기억해야 할 것은 어떤 감정도 틀리지 않는다는 점이며, 그 감정을 함께 이해하고 지지하는 자세가 필요하다는 것이다. 아이의 행동이 쉽게 이해되지 않을 때, '지금 이 모습은 수줍음일까, 두려움일까?' 스스로 묻는 것이 도움이 될 것이다. 그 질문에서 시작된 부모의 지지와 기다림은 아이에게 가장 든든한 선물이 되기 때문이다. 아이는 부모를 믿기 때문에 자신과 세상에 대한 신뢰를 쌓고, 스스로 많은 일을 해내는 아이로 성장할 수 있다. 결국 부모의 사랑과 신뢰가 아이를 성장시키고, 아이 자신감이 수줍음과 두려움을 당당함으로 바뀌어 아이를 더욱 빛나게 할 것이다.

아이의 공격성은
어디에서 오나

아이들이 살아가는 세상은 배워야 하는 것들이 많다. 아이는 부모가 보여주는 세상, 부모가 알려주는 세상을 거울 삼아 하나하나 자신의 세계를 만들어간다. 부모 또한 어릴 때의 배움들이 일상에서 풍성한 삶으로 연결되는 관계 맺음이 되었다. 그래서 주위 사람들과 연결하며 소통하는 세상, 즉 아이들에게 좋은 환경을 만들어주고자 노력하며 살아간다. 아이들에게 보이는 환경뿐만 아니라 보이지 않는 환경, 즉 내면의 감정도 무척 중요하다. 부모가 느끼는 마음, 그리고 표현되는 감정이 아이들에게 어떤 영향을 미치는지 말이다. 어릴 때, 아니 청소년기까지 부모의 감정표현은 아이들이 살아가는 공간의 공기라고 말할 수 있다.

내가 어릴 적에는 아이들 싸움이 잦았다. 아이들뿐만 아니라 어른들 싸움도 늘 일상처럼 느껴지던 때가 있었다. 동네 어귀에서 하루가 멀다 하고 들리는 것은 싸움 소리였다. 어른들의 목소리에는 늘 술기운에 억울함과 답답함이 가득했다. 평소에는 점잖고 말이 없던 분도 술만 들어가면 사람들과 시비가 붙었다. 평소와 전혀 다른 모습이었다. 억눌렸던 감정을 술의 힘으로 쏟아내는 것이다. 평소에 자신의 감정을 표현했더라면 이웃과 불편하지 않았을 텐데 어른들의 모든 감정은 '화가 났다'로 종결되었다. 어른들의 대화는 대화라기보다 늘 싸움으로 끝이 났다.

'세상에서 가장 재미있는 구경 중 하나가 싸움 구경이다'라는 말을 어른들을 통해 들은 적이 있다. 아이들은 어른들의 싸움을 불안함과 더불어 신기해하며 바라보았다. 그런 나를 엄마는 기어이 집으로 데리고 들어갔다. "순한 사람이 무섭다", "술만 마시면 저렇게 하니, 사람 속을 알 수가 있나"라는 엄마의 말에는 안타까움이 묻어 있었다. 어린 나도 '아, 억울함을 저렇게 풀면 안 되겠구나'라는 생각을 했다. 어른들이 말하는 "술 때문이야"는 사실 술의 문제가 아니었다. 용기와 감정표현의 문제였다.

마찬가지로 아이들 또한 어른의 모습을 반영하듯 골목길에서는 싸우는 모습이 늘 일상이었던 시절이었다. 어느 날 한 아이가 초콜릿을 들고 친구들이 놀고 있는 곳에 왔다. 시골에서는 초콜릿이 귀했었기에 아이들은 "나도 하나 줘!"라고 외쳤다. 그때 한 아이가 들고 있던 초콜릿을 뺏으려고 했다. 뺏기지 않으려는 아이와 뺏으려는 아이 사이에 실랑이가 벌어졌다. 화가 난 아이는 뺏기지 않으려는 아이 얼굴을 주먹으로 때렸다. 주먹으로 맞은 아이는 코에서 피가 흘렀고 초콜릿은 사방으로 흩어졌다. 주위에 있던 아이들은 싸움을 말리며 아이들을 감싸고 있었다. 아이들 소리로 주변은 금방 아수라장이 되었다.

곧이어 두 아이 엄마의 등장으로 아이들은 깜짝 놀라며 상황을 지켜봤다. 당장 아이 싸움이 어른 싸움이 되었다. 지금도 금쪽같은 내 새끼지만, 그 시절의 엄마들에게는 금쪽보다 더 귀한 내 자식이었다. 그 자리에서 엄마들은 시시비비보다 내 아이를 감싸기 시작했다. "왜 초콜릿을 갖고 나왔느냐", "나눠 먹어야지", "그렇다고 아이를 때리면 되느냐", "내 아이만 맞았느냐, 너도 때리지 않았느냐" 등의 말들이 쏟아졌다. 하지만 결론은 '내 자식은 아무 잘못이 없다'로 끝이 났다. 그리고 각자 아이에게 회초리 한 대씩을 때리고 집으로 데리고 돌아갔다. 부모들은 회초리로 이 상황을 종결시키고자 했던 것이다.

그래도 부모는 그 자리에서 무슨 일로, 왜 싸우게 되었는지, 싸움을 피하려면 어떻게 하는지를 가르쳐야 했다. 그리고 문제를 어떻게 해결하는지와 화해하는 방법도 알려줘야 한다. 그것이 부모의 역할이다. 아이들은 싸우고 화해하는 과정에서 관계성도 배운다. 서로의 소통에서 의견이 다를 수 있음을 알게 되고, 미안한 마음에 사과하는 것 또한 용기가 필요한 행동이라는 것도 깨닫게 된다. 이런 과정을 통해 아이는 살아가는 삶을 배우는 것이다. 부모가 화를 내는 것인지, 훈육인지 마음을 살펴야 한다. 아이들에게 싸움은 재미있는 구경거리가 되면 안 되기 때문이다.

 부모는 내 아이가 공격적인 행동을 보이면 당황스럽다. 또한 내 아이가 상대 아이에게 맞는 상황이라면 부모의 감정은 더 혼란스럽고 당혹스럽다. 아이들은 왜 공격적인 행동을 보이는 것일까? 공격성을 보이는 아이들 중에는 줄을 서거나, 기다려야 하는 상황을 참지 못하는 경우가 많다. 규칙을 지키기 힘들어하는 것이다. 아이들이 행동을 수정하려고 말을 하면 먼저 손이 나간다. 장난스럽게 아이들을 툭툭 치면서 아이들 반응을 살피기도 한다. 아이들은 가만히 있다가 공격을 당하는 것이다. 어른이 행동을 제지하면 소리를 지르거나, 꼬집고 밀치기도 한다. 공격성이 있는 아이 마음에는 어떤 감정들이 흐르고 있을까?

 일상생활에 웃고 뛰노는 모습만 보면 아이의 공격성을 찾기 어렵다. 그런데 즐겁게 놀던 중에 갑자기 드러내는 공격성에는 늘 상대 아이가 있다. 그래서 더 당황스럽다. 아이들과 놀다 보면 자신에게 맞는 놀이만 할 수 없다. 그러다 다른 친구의 놀잇감을 갖고 싶으면 바로 뺏는다. 아이는 친구가 자신에게 양보하는 것을 당연한 것처럼 생각하고, 친구가 자신의 물건을 만지는 것은 용납하지 않는다. 사소한 자극에도 쉽게 분노를 표출하고 친구의 거절에도 '화'가 나서 공격한다.

이런 상황에 맞닥뜨렸을 때 부모는 야단을 치거나 타이르기도 한다. 간혹 협박도 서슴지 않는다. 부모가 아이의 공격성에 대해 심하게 화를 내거나 벌을 주는 것으로 대응한다면 아이의 공격적인 행동은 억제할 수 있을지는 모르나, 벌이 공격성 자체를 억제하지는 못한다. 단호한 훈육 한 번만으로 아이의 행동 변화가 쉽지 않다는 것을 부모들은 잘 알고 있다. 단지 내 감정만을 소화하고 화를 뱉어낸 것 뿐이다. 아이의 행동은 우리 생각처럼 쉽게 달라지지 않는다. 어른도 습관 하나를 바꾸는 것에 많은 시간과 인내가 필요하지 않는가. 아이들도 마찬가지다. 그래서 부모의 일관된 훈육이 필요하다는 것이다. 때리고, 던지고, 밀칠 때는 아이의 손을 잡고 "네가 화난 것 알고 있어. 하지만 때리지 마. 때리면 아프잖아. 때리면 안 되는 거야"처럼 절대로 때리면 안 되는 이유를 설명해줘야 한다.

또한 부모의 양육, 훈육, 일관적인 태도도 돌아봐야 한다. 공격성에 대해 너무 너그러운 것은 아닌지 살펴봐야 할 부분이다. 그리고 아이에게 상황을 물어보고 차분하게 들어보려고 노력하는지도 살펴봐야 한다. 아이에게 억울함은 없어야 하기 때문이다. 부모가 아이의 공격적인 행동의 이유를 합리화시킬 때가 있다. 아이에게 이중 메시지는 옳지 않다. 아이를 혼란스럽게 만들 뿐이다. "맞으면 너도

한 대 때려"처럼 부모가 맞고 들어온 아이에게 속상해서 하는 말 또한 폭력을 폭력으로 대응하라는 뜻이다. 폭력을 조장해서는 안 되지만 힘을 쓰는 아이에게 힘으로 맞설 용기가 필요하다는 것을 아이에게 가르쳐줘야 한다.

힘이라는 것이 꼭 물리적인 것만 있는 것은 아니다. 아이의 목소리에 힘을 실어 "안 된다고!", "하지 말라고!"라고 말하는 힘 또한 필요하다. 친구의 공격에서 나를 지키는 힘도 아이 자신이 길러야 한다. 사과를 받아야 할 용기의 힘도 내 아이에게 있어야 한다. 사람들은 누구나 내면에 어느 정도 공격성은 있다. 건강한 공격성은 앞으로 나를 지키고, 가족을 지키는 힘의 근원이 된다. 아이의 건강한 공격성이 힘의 근원이 되려면 부모가 다루는 여러 감정들이 아이에게 모범이 되어야 한다. 그래야 내 아이의 공격성도 건강하게 발달할 수 있기 때문이다.

버릇없는 아이가
아닙니다

 아이가 태어나기도 전부터 부모는 수많은 조언을 듣는다. "자꾸 안아주면 버릇든다"라거나, "수유는 정해진 시간에만 해야 한다"라는 말들이다. 하지만 아이를 키우며 비슷한 상황을 여러 번 겪다 보면, 아이가 우는 이유를 조금씩 짐작하게 되고, 부모로서 반응하기도 한결 수월해진다. 말을 이해하지 못하는 아이에게 "왜 울어? 어떻게 도와줄까?"라고 묻다 보면, 되려 부모가 울고 싶은 순간도 찾아온다. 처음 부모가 된 이들에게 양육은 사랑만큼이나 혼란스럽고 어려운 여정이다.

 어느 날, 시어머님과 아이 셋이 외출을 마치고 돌아오는 길에 엘리베이터 안에서의 일이다. 만 3세쯤 되어 보이는 남자아이가 어머님의 배를 '툭툭' 치며 웃는다. 어머님은 조심스럽게 말했다.

"안 돼, 사람을 때리면 안 돼요."

하지만 아이의 엄마는 민망한 듯 웃으며 "죄송합니다"라는 말만 남긴 채, 아이에게는 아무 말도 하지 않고 내리는 것이다. 그 모습을 지켜보던 우리 아이들이 의아해하며 물었다.

"엄마, 아줌마는 왜 아이한테 '하지 마'라는 말도 안 하고, 사과도 안 하게 해요?"

시어머님은 조용히 말씀하셨다.

"아이 기가 죽을까 봐 그런 거야."

그러자 아이들이 서로 이야기를 주고받기 시작했다.

"우리가 잘못하면 부모님이 곤란해지잖아요."

"맞아. 지난번에 층간소음 때문에 엄마가 아랫집에 사과했잖아."

"유치원에서도 친구를 때리면 같이 안 놀고 싶어 해."

부모 역시 다른 사람들 앞에서 아이를 훈육하는 일에 부담을 느낀다. 아이가 창피해하지는 않을지, 주변의 시선이 곱지 않을지 걱정되기 때문이다. 하지만 그렇다고 해서 잘못된 행동을 그냥 넘긴다면, 아이는 책임을 배울 기회를 놓치게 되는 것이다. 그럴 때는 아이의 손을 가볍게 잡고, 낮지만 단호한 목소리로 말해줘야 한다.

"안 돼. 사람을 때리면 안 돼. 어른을 때리는 것도 절대로 안 돼."

그리고 사과하는 방법을 알려줘야 한다. 이런 경험은 아이가 사회 속에서 조화롭게 살아가기 위한 기본적인 가치를 익히는 데 꼭 필요하다.

간혹 부모들 중에는 훈육보다 아이의 감정을 우선시하는 경우가 많다. 훈육이 아이의 기를 꺾거나 상처를 줄까 봐 걱정되는 것은 알지만, 훈육은 감정이 아닌 원칙으로 하는 것이다. 올바른 훈육은 감정에 공감하면서도 경계를 분명히 세우는 태도다. 이런 훈육을 받으며 성장한 아이는 감정을 표현할 수 있는 아이로 성장한다. 때로는 수치심을 느끼는 상황이 올 때도 자신을 지키는 힘이 있는 아이가 된다.

아이들이 식사하는 모습만 봐도 그렇다. 아이들은 밥 먹을 때 종종 돌아다니거나, 싫어하는 반찬을 친구 접시에 옮기기도 한다. 심지어 "이거 안 먹을래!"라며 떼쓰고 우는 아이들도 있다. 이럴 때 아이를 무작정 달래기보다는 기본적인 식사 규칙을 반복해서 알려주는 것이 더 효과적이다.

예를 들어, 밥은 정해진 시간 동안 자리에 앉아서 먹는 것임을 꾸준히 경험하게 해주는 것이다. 이렇게 하면 '밥은 앉아서 먹는 것'이라는 개념을 아이가 자연스럽게 익히게 된다. 또한, 싫어하는 음식을 억지로 먹일 필요는 없지만, 아이가 다양한 맛에 익숙해질 수 있도록 격려하는 과정도 중요하다. 이런 의미 있는 경험의 누적은 아이의 성격 형성에 지대한 영향을 미칠 수 있다.

2~7세는 시지각과 모방 행동이 활발해지는 시기다. 이 시기의 아이들은 친구가 "안 먹을래"라고 하면, 따라하듯 "나도 안 먹을 거예요!"라고 말한다. 한 아이의 반응이 다른 아이들에게 퍼져 교사가 상황을 수습하기 어려워지는 경우도 종종 있다. 또한 이 시기 아이들은 자아가 형성되며, 뭐든 스스로 해보려는 욕구가 커진다. 하지만 감정을 조절하는 뇌의 기능은 아직 미숙해서 속상하거나 당황스러운 감정을 울음이나 짜증, 고집 같은 방식으로 표현하곤 한다. 예를 들어, 블록이 무너지자 "다시는 안 해!" 하고 소리를 지르거나, 원하는 옷을 입지 못했다고 바닥에 드러눕는 모습이 그 예다. 이럴 때 아이의 행동을 단순히 '버릇없다'라고만 보면, 아이는 감정을 인정받지 못했다고 느끼고 더 강하게 반응할 수도 있다.

훈육은 단순히 "하지 마"라고 말하는 것이 전부가 아니다. 그 행동

뒤에 어떤 감정이 있었는지를 살피고, 아이가 그 감정을 말이나 다른 방식으로 표현할 수 있게 도와주는 것이 더 중요하다.

"속상했구나, 다시 해보자."

"짜증났구나. 그런데 그럴 때는 이렇게 말해볼까?"

이런 말 한마디로 아이는 "내 마음을 알아주는 어른이 있구나"라는 안전한 울타리를 느낀다.

유아는 반복을 통해 세상을 배운다. 같은 상황에서 오늘은 화를 내고, 내일은 웃으며 허용하는 부모의 태도는 아이에게 더 큰 혼란을 줄 수 있다. 부모의 일관된 행동이 안정감을 주고, 세상의 규칙을 배우는 중요한 기반이 된다.

어느 날, 친구 집에 아이를 데리고 놀러 간 적이 있었다. 평소 잘 어울리는 아이들이라 안심하고 대화를 나누던 중, 갑자기 거실에서 울음소리가 났다. 급히 가보니, 내 아이는 바닥에 넘어진 채 울고 있었고, 친구 아이는 화가 난 얼굴로 서 있었다. 울고 있는 아이를 안은 뒤 친구가 자신의 아이에게 물었다.

"무슨 일이야?"

"내 장난감을 달라고 했는데 안 줬어요. 그래서 내가 밀었어요."

친구는 아이를 조용히 방으로 데려가 차분하게 타이르기 시작했다.

"속상한 건 알겠어. 하지만 동생을 밀면 안 돼. 동생이 줄 때까지 기다려주고, 너는 다른 장난감을 갖고 놀면 되잖아."

이처럼 감정에 공감하면서도 행동에는 경계를 세워주는 방식은 아이가 감정을 표현할 수 있는 안전한 통로를 열어주는 동시에 사회적 규칙을 자연스럽게 익히게 도와준다. 훈육은 아이가 자신의 감정을 이해하고, 스스로 행동을 조절하는 법을 배워나가는 여정이다. 그리고 그 출발점은 아이보다 부모의 태도에서부터 먼저 시작된다.

집중을
하나도 못해요

"꾸준히 참는 사람에게는 반드시 성공이라는 보수가 주어진다. 잠긴 문을 한 번 두드려 열리지 않는다고 돌아서서는 안 된다. 오랜 시간 큰 소리가 나게 문을 두드려보라. 반드시 누군가가 잠에서 깨어나 열어줄 것이다."

- 롱펠로우(Longfellow)

아이의 유치원 공개수업 날, 며칠 전부터 엄마는 은근히 긴장되기 시작한다. 아이가 유치원에서 어떻게 지내는지 궁금하지만, 동시에 내 아이가 다른 부모들에게 어떻게 비춰질지도 걱정이다. 그래도 기대감을 안고 수업에 참여한다. 그런데 수업이 시작되자 아이의 엉덩이는 들썩이기 시작한다. 선생님의 반복된 부탁에도 멈추지 않고, 주변 엄마들의 불편한 시선이 느껴진다. 엄마는 얼굴이 화끈거리고, 마음에 화와 수치심이 뒤섞인 감정이 올라온다. '집에 가서 보자'라는 생각까지 든다. 수업이 끝난 후, 엄마는 스스로에게 묻는다.

"도대체 어떻게 해야 할까?"

요즘 "우리 아이는 왜 이렇게 집중을 못할까요?"라는 말을 자주 듣는다. 책상 앞에 앉자마자 연필을 떨어뜨리고, 의자에서 들썩이며, 초등학생이 되었어도 30분도 안 돼 물 마시러 가는 아이를 보면 속이 터질 수밖에 없다. 하지만 아이가 '집중력이 없다'라기보다는, 지금 하고 있는 일이 너무 어렵거나 너무 쉬워서 흥미를 잃었기 때문일 수 있다. 혹은 아직 그 활동을 받아들일 준비가 안 된 경우도 많다. 예를 들어, 5세 아이가 글씨 쓰기를 하다가 딴짓을 한다면 반복적인 활동에 흥미를 잃었거나 자신이 잘하고 있다는 확신이 없어서일 수 있다. 이럴 때는 "왜 이렇게 산만해?"가 아니라, "이 활동이 지금 내 아이에게 맞는 걸까?"라는 질문을 던져야 한다.

3~5세 사이는 5~10분 정도 한 가지 활동에 집중할 수 있다. 어른 기준으로 보면 짧게 느껴지지만, 뇌 발달 단계상 매우 자연스럽다. 아이들은 하루에도 수많은 자극에 반응한다. 한참 이야기하다가도 창밖 새소리에 창가로 달려가고, 블록을 하다 말고 동화책을 꺼내는 행동은 산만한 것이 아니라, 호기심이 활발하다는 신호다. 이 시기에는 놀이가 곧 집중 훈련이다. 반복적인 블록 쌓기, 색칠하기, 역할놀이 등을 통해 몰입 시간이 서서히 길어지기 시작한다. 이런 순간

을 포착했다면 이렇게 말해보자.

"와~ 지금 블록을 5분 넘게 쌓고 있네! 정말 멋지다."

또한 활동 흐름이 산만해지지 않도록, "이거 다 하면 간식 먹자", "이 퍼즐 끝나면 마무리하자"와 같은 명확한 종료 기준을 주는 것도 좋다. 작은 성공이 자주 반복될수록 아이는 집중에 대한 자신감을 갖게 된다. "나는 끝까지 해낼 수 있어"라는 마음이 집중력의 밑거름이 되는 것이다.

다음으로 6~7세가 되면 평균 10~15분 정도 집중할 수 있다. 이 시기는 놀이에서 학습으로 넘어가는 전환기다. 간단한 쓰기, 색칠하기, 학습지 등에도 점점 몰입하는 힘이 생긴다. 하지만 여전히 외부 자극에 쉽게 반응할 수 있는 시기이기 때문에, 환경 조절이 매우 중요하다. 아이 수준에 어려운 과제는 오히려 자신감을 꺾을 수도 있다. 정돈된 공간, 필요 없는 장난감 제거, "5분만 해보자"처럼 제한된 목표 제시 등의 요소들이 아이의 집중력을 끌어올린다. 무엇보다 중요한 것은 실패보다 성공 경험이 쌓이게 도와주는 것이다.

부모의 행동이 아이의 집중을 흐트러뜨리는 경우도 많다. 너무 많은 장난감, 영상물, 학습지 제공, "빨리 해!", "왜 이렇게 느려?"와 같은 조급한 말투, 계속 간섭하고 지시하기 등의 태도는 아이의 자율적인 몰입을 방해한다. 또한, 부모가 항상 스마트폰을 보거나 TV를 켜두는 환경에서 자란 아이는 자연스럽게 산만함에 익숙해진다. 반대로 부모가 조용히 책을 읽거나 집중해서 대화를 나누는 모습을 자주 보여준다면, 아이는 그 분위기를 고스란히 따라 배운다. 아이의 집중력은 말보다 행동으로 전해지기 때문이다.

우리는 종종 아이의 집중력을 '조용히 앉아 있는 시간'으로만 판단한다. 하지만 유아기의 집중은 훨씬 더 움직임이 많고, 감정에 민감하며, 즉흥적인 흐름 속에서 일어난다. 아이가 집중이 전혀 안 되는 것처럼 보여도, 어쩌면 자기만의 리듬으로 몰입할 준비 중일지도 모른다. 그 리듬을 무시하지 않고 기다려주는 것. 바로 거기에서 아이는 응답하고, 집중력이 자라난다. 아이의 집중력은 타고나는 것이 아니라, 부모가 만들어주는 환경과 태도 속에서 길러지는 '생활의 힘'이다.

그래서 부모가 먼저 해야 할 일은, 아이의 관심을 존중하고, 집중이 자라날 수 있는 토양을 만드는 것이다. 오늘 하루, 아이가 몰입한 짧은 순간을 찾아보자. 그리고 그 순간을 알아바주고 칭찬해주자. "와, 방금 정말 열심히 보고 있었구나!", "끝까지 해냈네, 대단하다!"라는 한마디가 아이의 마음에 오래 남는다. 집중은 훈련이 아니라 경험이다. 꾸준히 반복되는 긍정의 경험이 쌓일 때, 아이는 자신이 무엇이든 해낼 수 있다는 믿음을 갖게 된다. 집중은 재능이 아닌 습관이고, 그 습관은 부모의 시선과 태도에서 시작된다. 그리고 집중을 강요하기보다는, 아이가 좋아하는 활동 안에서 자연스럽게 몰입하도록 도와주는 것이 훨씬 효과적이다. 아이가 좋아하는 놀이, 그림, 이야기 속에서 보이는 '집중의 조각'들을 발견하고 그 가치를 함께 나눠보자. 그리고 서두르지 말자. 집중은 단시간에 완성되는 능력이 아니다. 아이의 성장처럼 천천히, 그러나 분명하게 자라는 힘이다. 오늘도 아이의 작은 몰입에 따뜻한 눈길을 보내며, 그 힘이 자랄 수 있도록 곁에서 기다려주자.

때로는 부모의 조급함이 아이의 가능성을 가로막을 때도 있다. '왜 이걸 못 할까?'라는 마음 대신, '이제 막 시작했구나'라는 시선으로 바라보면 어떨까? 아이는 아직 배워가는 중이고, 실수하고 돌아가는 과정을 통해 자신의 리듬을 찾는다. 부모가 그 리듬을 인정하고 함께 호흡해줄 때, 아이는 안심하고 몰입한다. 집중력은 결국, 아이가 스스로를 믿고 세상과 연결되는 첫걸음이다. 그 걸음을 기다려주는 것이야말로, 부모가 줄 수 있는 가장 든든한 지원이다.

울음은
약하지 않아요

마트 한가운데서 바닥에 드러누운 아이. 울며 외치는 "안 사주면 안 가!"라는 말에, 엄마는 당황한 얼굴로 주변을 살핀다. 조용히 눈물만 뚝뚝 흘리는 아이. "또 왜 울어? 아무 일도 없는데!"라며 엄마는 답답한 마음에 목소리를 높인다. 아마 많은 부모에게 익숙한 장면일 것이다. 하지만 아이의 울음은 단순한 고집이나 떼쓰기, 약함의 표시가 아니다.

아이에게 울음은 말보다 먼저 세상에 내미는 마음이다. 감정이 먼저 크고, 표현은 서툰 시기에 아직 "속상해요"라는 말을 모르기 때문에, 울음으로 먼저 이야기한다. 기질이 섬세한 아이일수록 작은 자극에도 민감하게 반응한다. 낯선 환경, 일시적인 분리, 사소한 변화조차도 아이에게는 큰 불안이 된다. 그래서 울음은 때로 "나 지금 힘들어", "나 좀 안아줘", "이게 뭐야, 무서워"라는 신호다. 아이의 울음은 자신을 보호하기 위한 본능이자, 어른을 향한 조용한 요청이기도 하다.

TV 앞에 앉아 만화영화 〈달려라 하니〉를 보던 기억이 있다. 끝없이 운동장을 달리는 하니는 어딘가 슬프고도 강했다. 엄마를 잃은 아픔, 친구들과의 오해, 세상과 부딪히며 버텨야 했던 시간들. 그런데도 하니는 울지 않았다. 그 모습을 보며 어린 내가 떠올랐다. 서운한 말, 외로운 저녁, 울고 싶었지만 꾹 참고 웃던 날들. 아무도 없는 곳에서 울었던 기억도 없다. 그냥 참았다. 하지만 시간이 지나 돌아보니, 하니도 어쩌면 울고 있었던 것이 아닐까. 아무도 보지 않는 골목에서, 혼자만의 방에서. 그 아이의 달리기는 어쩌면 울음을 삼킨 또 다른 표현이었을지 모른다. 상처를 품고 달리는 아이, 눈물을 삼키고 웃는 아이. 겉모습은 다르지만, 마음의 무게는 같았는지도 모른다. 그때 알았다. 울지 않는다고 강한 것이 아니라, 울음을 보이지 않기 위해 애쓰는 마음이 이미 너무 아픈 것이라는 것을.

어느 날, 첫째 아이가 조심스레 말했다.

"내가 엄마 손잡고 싶어서 울었는데, 엄마는 그냥 덥다고 하면서 손 뿌리쳤잖아."

순간 가슴이 철렁 내려앉았다. 단순히 떼쓴 것이라고 생각했던 순간. 그 안에는 아이의 마음이 있었다.

"속상했구나. 엄마가 몰랐어. 미안해."

아이는 말없이 내 눈을 바라보다가 조용히 손을 내밀었다. 그날 이후, 아이는 자신의 마음을 천천히 들려주기 시작했다. 말로, 눈빛으로, 가끔은 그림으로. 그렇게 아이는 배워갔다. 감정은 감추는 것이 아니라, 나눌 수 있는 것이라는 것을.

우리는 흔히 사랑을 해주는 것이라고 생각한다. 예쁜 옷을 입히고, 좋은 장난감을 사주고, 건강한 식단을 챙겨주는 것 말이다. 하지만 아이가 정말 원하는 것은, 어쩌면 이런 것일지 모른다.

"엄마, 나랑 같이 놀아줘."

소꿉놀이를 함께하고, 퍼즐을 맞추며, 블록을 쌓는 그 시간 속에서 아이는 사랑을 느낀다. 말로 다 표현할 수 없는 감정이 놀이와 눈빛과 손길 속에서 흐른다. 그렇게 쌓인 시간들은 단순한 놀이가 아니라, 아이의 정서지능이 자라나는 토양이 된다.

정서지능은 자신의 감정을 인식하고 조절하며, 타인의 감정을 공감할 수 있는 능력이다. 어린 시절부터 정서지능이 잘 자란 아이는 친구와 갈등이 생겼을 때도 자신의 감정을 이해하고, 상대의 마음을 배려할 줄 안다. 정서지능은 아이 혼자 키우는 능력이 아니다. 누군가가 내 감정을 "그럴 수 있지"라며 받아줄 때, 아이는 마음을 믿기 시작한다. 감정을 두려워하지 않고 표현할 수 있게 된다. 그 출발점은 늘 같은 곳에 있다. 누군가 내 울음을 들어줄 때, 내 말을 믿어줄 때다.

교사로서 가장 잊지 못하는 아이가 있다. 유치원 교사로서 처음 맡은 반에서 말없이 조용히 눈물만 훔치는 아이가 있었다. 친구들과 잘 어울렸지만 말없이 친구들의 놀이를 지켜보거나 표정만으로 소통했다. 나는 아이와 감정 카드놀이, 그림, 게임 등 할 수 있는 것은 다 해봤다. 하지만 여름방학 전날까지도 아무런 변화가 없었다. 방학식 날, 노래자랑 시간에 "부를 사람?"이라는 내 말이 끝나기도 전에, 그 아이가 손을 번쩍 들었다. 그리고 성큼성큼 앞으로 나와 또렷하고 큰 목소리로 노래를 불렀다. 처음 보는 생기, 흔들림 없는 눈빛이었다. 나는 숨도 쉬지 못하고 아이를 바라봤다.

그날 나는 알았다. 울음은 그 아이의 언어였다는 것을. 말로 할 수 없었던 감정들을 눈물로 전하던 아이. 유치원이라는 작은 세계 속에서 조용히 마음을 길러오던 그 아이가 드디어 스스로를 표현해낸 순간이었다. 그 후로 아이는 조금씩, 자신만의 속도로 마음을 나누기 시작했다. 그리고 나는 다시금 깨달았다. 아이의 울음을 있는 그대로 바라보는 일이 얼마나 깊은 울림이 되는지를.

　부모는 완벽하려 애쓴다. 늘 인내심 있고, 흔들리지 않아야 하며, 아이에게 상처조차 보이지 말아야 한다고 생각한다. 하지만 아이는 부모의 부족함까지도 느끼고, 그 안에서 진짜 사랑을 배운다. 아이는 완벽한 부모가 아니라, 진심으로 곁에 있어주는 부모와 함께 자라는 것이다. 아이의 울음은 성장의 신호다. 그 울음을 들어주는 어른이 있을 때, 아이는 세상과 소통하는 법을 배운다. 그때부터 진짜 성장이 시작된다. 감정을 표현할 수 있는 아이는 삶을 살아낼 수 있는 아이로 자란다. 그러니 오늘도 아이가 울 때 이렇게 마음을 펼쳐 보자.

　"울어도 괜찮아. 네가 말하고 싶은 마음, 내가 듣고 있어."

　그 한마디가 아이 인생의 뿌리가 되고, 아이를 진정으로 강하게 만들어줄 것이다. 울음은 약함이 아니라, 자라나는 힘의 시작이니까. 그 속마음을 읽어주는 부모의 따듯한 시선과 기다림이 아이의 정서를 튼튼하게 자라게 해줄 것이라고 믿는다

스스로
힘이 생겨요

유치원은 저마다 다른 기질을 가진 아이들이 한데 모여 놀고, 이야기 나누며, 많은 것을 배우는 곳이다. 친구가 되기도 하고 때로는 작은 다툼이 일어나기도 하지만, 그 과정에서 아이들은 서로 화해하고 다시 웃는 법을 배워간다.

유아기는 인생에서 가장 빠르게 배우는 시기라고 한다. 그런데 같은 상황에서도 어떤 아이는 금세 익히고, 어떤 아이는 조금 더 시간이 필요할 수 있다. 중요한 것은 모든 아이가 각자의 속도로 잘 자라고 있다는 사실이다. 하지만 그 배움은 '정답을 아는 것'이나 '잘하는 것'만으로 완성되지 않는다. "내가 먼저!"를 외치며 나서는 아이, 엉덩이를 들썩이며 궁금함을 참지 못하는 아이, 친구들과 어울려 함께 해내고자 하는 아이도 있는 반면, 아무런 반응 없이 의욕을 잃은 듯 무기력한 아이도 있다. 아이가 스스로 뭔가를 하려고 하지 않거나, 아무런 의욕 없이 지내는 모습을 볼 때, 그런 아이를 지켜보는 부모의 마음은 무겁기만 하다.

부모는 길을 걷다가도 아이가 넘어지지 않게 손을 내민다. 다치지 않게, 실수하지 않게, 실패하지 않게 아이를 돕고 싶어 한다. 그래서 "조심해"라는 말을 자주 건넨다. 그러나 아이에게 가장 소중한 경험은 넘어지지 않는 것이 아니라, 넘어져도 다시 일어서는 법을 배우는 것이다. 모르고, 서툴고, 넘어지고, 실수하는 경험이 반복되는 가운데, 아이는 점점 더 단단해진다. 이 시기의 아이에게 진짜로 필요한 것은 실수를 허락받는 자유며, 실패를 두려워하지 않는 마음이다.

아이에게 '실패를 두려워하지 않는 마음'은 곧, 노력과 경험을 통해 계속 성장할 수 있다는 믿음에서 비롯된다. 하지만 이 믿음이 없다면, 아이는 점차 스스로 해보려는 마음을 잃고 무기력해지기 쉽다. 한번 시도했다가 실패할까 봐, 혹은 완벽을 기대하는 부모의 눈높이에 미치지 못할까 봐 압박감을 느낀다면, 아이는 자연스럽게 시도조차 하지 않으려 할 것이다. 이러한 심리는 곧 '나는 해도 안 될 거야'라는 자기 의심과 두려움으로 이어지고, 결국 아이는 자신감을 잃은 채 도전을 피하게 된다. 특히 유아기에는 아이 스스로에 대한 긍정적인 믿음이 자연스럽게 자리 잡을 수 있도록, 부모와 주변 어른들의 태도와 환경 조성이 무엇보다 중요하다.

예를 들어, 수저통을 정리하다 힘들어하는 아이에게 "아직 잘 안 되지? 다시 해보자"라고 말하는 것과 "왜 이렇게 못 해?"라고 지적하는 것은 아이 마음속에 전혀 다른 씨앗을 심는 것이다. 전자는 '나는 노력하면 할 수 있어'라는 믿음을 심고, 후자는 '나는 원래 못하는 사람이야'라는 인식을 남긴다.

수저통 정리를 어려워하는 아이에게 "숟가락은 이렇게 놓고, 젓가락은 이렇게 놓으면 될까? 한번 해보자"라고 순서를 함께 짚어주고 마무리하게 한다면, 아이는 스스로 해냈다는 성취감과 자신감을 느낄 수 있다.

이처럼 어른의 한마디, 한 행동은 아이가 자기 자신을 어떻게 바라보는지에 대한 깊은 흔적을 남긴다. 자신을 믿고 해보려는 힘과 자신을 의심하며 주춤거리는 마음 사이의 차이는 결국 자신감의 유무로 이어진다. 그것이 바로 아이의 성장을 좌우하는 중요한 출발점이 되는 것이다.

아이들은 태어날 때부터 무한한 가능성을 품고 있다. 하지만 그 가능성은 적절한 실패와 따뜻한 격려를 통해서만 현실이 된다. 아이에게 완벽을 요구하는 것은 그 가능성의 문을 스스로 닫아버리는 일이다.

나의 아이 중 둘째는 그림을 그리거나 색종이를 접을 때, 자기만의 기준에 만족해야만 그 작품을 가족에게 보여주곤 했다. 그런데 마음의 준비가 되지 않은 상태에서 누군가가 아이 작품을 보게 되면, 아이는 그림을 더 이상 그리지 않거나 다른 시도조차 하지 않으려 했다.

아이에게는 스스로 만족할 수 있는 기준과 리듬이 있었다. 그래서 나는 아이에게 이렇게 말해주곤 했다.

"시작하는 게 가장 중요해. 아직 마음에 들지 않더라도 계속하다 보면, 네 마음에 들게 될 거야. 틀릴 수도 있어. 처음부터 잘하기는 쉽지 않단다. 괜찮아. 엄마도 처음에는 그랬어. 지금도 마찬가지야. 처음부터 마음에 드는 결과를 만드는 건 누구에게나 쉬운 일이 아니야."

우리는 아이가 실패를 두려워하지 않고, 실패를 통해 성장할 수 있도록 따뜻하게 응원해야 한다. 실패는 아이에게 '넌 부족해'라는 메시지가 아니라, '지금 성장하고 있어'라는 긍정의 신호가 되어야 한다. 아이가 스스로 문제를 해결하려고 애쓸 때, 비록 결과가 만족스럽지 않더라도 그 과정 자체를 칭찬해야 한다. 코를 닦고, 양치하고, 혼자 옷을 입고, 스스로 밥을 먹는 일처럼, 일상 속에서 사소해 보이는 경험들도 아이를 성장시키는 소중한 계기가 된다.

아이에게 가장 큰 힘이 되는 것은 "실패해도 괜찮아"라고 말해주는 부모의 태도다. 부모의 중요한 역할은 실패를 두려움이 아닌 자연스러운 배움의 일부로 받아들이고, 아이가 그 속에서 스스로 배움을 발견하도록 도와주는 것이다. 실패는 끝이 아니라는 것, 그리고 다음에는 더 잘할 수 있다는 믿음을 아이가 가질 수 있도록 지속적으로 이끌어주는 것이 무엇보다 중요하다.

아이들의 활동 중에 생존수영 수업이 있다. 이 수업에서 아이들의 반응은 저마다 참 다양하다. 어떤 아이는 물을 좋아해서 금세 적응하지만, 어떤 아이는 물을 무서워하며 가까이 가지 않으려 한다. 만 5세 아이 중에도 수영 수업 자체를 시도조차 하지 않으려던 아이가 있었다. 그런데 부모님이 주말마다 수영장에 함께 가서 물놀이를 하며, 수영이 무서운 것이 아니라 즐거운 활동이라는 것을 차근차근 알려줬다. 결국 아이는 조금씩 용기를 내어 수업에 참여하기 시작했고, 표정도 한결 밝아졌다. 반면, 또 다른 아이는 첫 시도에서 무섭다고 표현하자 부모가 수업을 중단시켰다. '물에 대한 트라우마가 생길까 봐' 걱정한 것이다. 두 아이의 부모 모두 아이에 대한 사랑은 분명했다. 한 아이는 두려움을 이겨내며 작은 성공을 경험했고, 다른 아이는 마음이 준비될 때까지 기다리며 다음으로 미룸이 아닌 마음의 확신을 갖는 소중한 배움의 기회가 되었을 것이다.

아이에게 실패를 이겨낼 수 있도록 따뜻하게 지지해주는 환경은 그 자체로 큰 힘이 된다. 왜냐하면 '실패를 겪더라도 다시 시도할 수 있다'라는 내면의 믿음이 그 안에서 자라기 때문이다.

부모의 노력은 '못 하겠다'라는 경험을 '할 수 있다'라는 자신감으로 채워줬다. 아직은 어려운 일이더라도, 그 과정을 통해 아이가 스스로 할 수 있다는 믿음을 키워가는 것이 무엇보다 중요하다.

아이들은 완성된 존재가 아니라, 계속해서 성장하는 존재다. 때로는 무기력한 마음이 들 때도 있을 것이다. 하지만 부모의 응원 한마디가 아이 마음에 큰 힘이 된다면, 비록 지금은 아니더라도 아이는 앞으로 초등학교, 중학교, 그리고 사회에 나아가서도 수많은 도전과 실패 앞에서 쉽게 주저앉지 않을 것이다. 결국 아이가 자신을 믿고 신뢰하는 마음이 성장의 가장 큰 힘이 될 것이다.

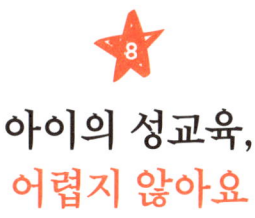

아이의 성교육,
어렵지 않아요

　교사들은 수업 중에 아이가 특정 신체 부위를 만지는 모습을 종종 목격한다. 그럴 때 '말려야 하나?' 하고 고민하다가 아이의 이름을 불러 주의를 환기시키거나, 질문을 던져 시선을 돌리기도 한다. 하지만 유아가 자신의 몸, 특히 성기에 관심을 보이는 것은 전혀 이상한 일이 아니다. 자신의 신체를 만지고 탐색하는 것은 자연스러운 자기 인식 과정이며, 성기도 '나'를 알아가는 일부분이다. 그렇다고 해서 이를 무조건 수용하거나, 강하게 제지하는 것 또한 바람직하지 않다. 교사나 부모가 이 행동을 어떻게 바라보고 반응하느냐에 따라, 아이의 신체 인식과 성에 대한 감정이 긍정적 또는 부정적으로 자리 잡을 수 있다.

　꽤 오래된 일이다. 토요일 아침, 휴대전화가 요란하게 울렸다. 전화를 건 사람은 유치원 교사였고, 선생님은 울먹이며 다급하게 원으로 와달라고 말했다. 서둘러 유치원에 도착해 현관문을 열자, 한 아이의 아빠가 매우 화가 난 표정으로 서 있었다. 그는 곧바로 따지듯 말했다.

"우리 아이가 유치원에서 자기 몸을 만지는 걸 못 보셨습니까? 봤다면 왜 집에 알리지 않았습니까?"

나는 차분히 설명해드렸다.

"어머님과는 이미 소통을 했고, 유치원에서도 놀이 시간 중 아이를 유심히 살피며 자연스럽게 지도하고 있습니다."

하지만 아이 아빠는 이야기를 듣지 않고 거센 질타를 이어갔다. 그 순간 무엇보다 아이가 걱정되었다. 아이가 집에서 어떤 반응을 마주했을지, 그로 인해 어떤 감정을 느꼈을지 마음이 무거웠다.

유아들은 심심하거나 긴장이 풀린 상태에서 무의식적으로 손이 신체의 특정 부위로 가는 경우가 많다. 어른들은 이를 '성적인 행동'으로 받아들이기 쉽지만, 아이에게는 단순한 감각적 경험이거나 호기심일 뿐이다. 예를 들어, 속옷이나 옷이 피부에 닿아 불편함을 느꼈거나 우연히 닿았을 때의 감각이 낯설고 특별하게 느껴졌을 수도 있다. 어떤 아이는 땀을 흘리며 반복적으로 감각을 탐색하는 모습을 보이기도 한다. 이러한 행동은 유아기 성적 발달의 자연스러운 과정이므로 강하게 혼내는 것은 금물이다. 강한 꾸지람은 오히려 아이의 호기심을 자극하거나, '왜 안 되지?'라는 혼란과 더불어 감정을 억누르게 만드는 부정적인 감정까지 경험하게 된다.

하지만 아이가 그 행위에 집착한다면, 다른 흥미로운 활동으로 자연스럽게 관심을 전환시켜주는 것이 필요하다. 그림 그리기, 찰흙놀이, 블록놀이 등 아이가 좋아하는 활동을 함께 하는 것도 하나의 대안이 될 수 있다. 이때 중요한 것은 부모가 당황하거나 화내기보다는 차분하게 이야기하는 것이 좋다. 예를 들어, 아이에게 "너의 음경, 음순은 소중한 곳이야", "네가 생식기를 만지는 모습을 다른 사람이 보고 놀라거나 당황할 수 있어", "그러니 너만이 있는 공간에서만 허용해줄게"라며 허용과 한계 설정이 필요하다. 그러면 행위에 집착하지 않고 점차 시간이 지날수록, 아이의 사회성이 발달할수록 이 행동은 줄어들게 된다. 부모가 차분하고 따뜻한 태도로 안내할 때, 아이는 건강한 성 인식과 자기조절 능력을 자연스럽게 배워가게 될 것이다.

또 다른 어느 날, 복도 끝에서 아이 한 명이 웃으며 달려왔다. 바지만 입은 채 상의를 벗은 모습이었고, 신이 나서 소리를 지르며 복도를 가로질렀다. 그러자 몇몇 아이들이 깔깔 웃으며 따라서 상체를 드러내는 것이 아닌가? 깔깔거리고 웃던 아이들은 다른 아이의 머리 묶은 모습을 보고 "야, 네 머리 꼭 고추 같다!"라고 했고, 그 말에 주위 아이들은 웃음이 터졌다. 아이는 얼떨떨한 얼굴로 주변을 둘러봤다. 순간, 내 마음이 철렁 내려앉았다.

아이의 천진난만한 행동을 웃음으로 받아들이기에는 그 안에 담긴 '몸'에 대한 메시지가 너무도 많았기 때문이다. 처음에는 '아이들이니 그럴 수도 있지' 하고 넘기려 했지만, 마음이 불편했다. '왜 아이는 자신의 몸을 드러내는 것이 괜찮다고 느꼈을까? 아이들로부터 시선 집중을 받고 싶은 것은 아닐까?' 하고도 생각했다. 이 장면은 단순한 장난이 아니었다. 아이들에게 '몸은 소중하고, 나와 타인의 몸에는 경계가 있다'라는 것을 알려줄 수 있는 기회였다. 아이들은 아직 내 몸과 타인의 몸은 어떻게 다뤄져야 하는지에 대해 미숙하고 배워가는 중이기 때문이다. 아이들은 놀고 싶은 마음, 친구들과 어울리는 즐거움 속에 '어디까지 괜찮고, 어디부터 조심해야 하는지'를 경험과 교육으로 배워간다. 그래서 이런 장면은 혼내야 할 '잘못'이 아니라, 함께 배울 수 있는 교육의 기회라고 생각했다.

아이들과 모여 앉아 유쾌하고 편한 분위기에서 자연스럽게 이야기를 건넸다. "우리가 속옷을 왜 입는지 알아요?"라고 물으니 "내 몸이 소중하기 때문에 음경, 음순을 보호해야 해요"라고 답한다. "그러면 수영장 갈 때 소중한 부분을 보호하려면 어떻게 해야 할까요?"라고 물으니 "수영복을 입어야 해요"라는 답을 내놓는다. "그러면 누가 내 몸을 보여달라고 하면 어떻게 하면 될까요?"라는 질문을 했을 때 "안돼요, 싫어요"라고 대답해야 한다는 것까지 아이들은 알고 있었다. 평소에 부모, 유치원에서부터 배웠던 부분을 알고 있었던 것이다. 그리고 "친구의 몸이나 외모를 가지고 장난을 치거나 웃는 것은 그 사람의 마음을 다치게 할 수 있어요. 몸은 그 사람만의 것이고, 그건 참 소중한 것이에요"라고 말하니 아이들은 집중하며 들었다. 어떤 아이는 "누가 내 배 만지면 싫어" 하고 말했고, 다른 아이는 "웃기려고 한 건데, 친구 기분은 몰랐어요"라고 말했다. 너무 앞서가거나 생식기에만 집중하는 성교육은 오히려 아이들의 호기심을 자극할 수도 있다.

요즘 들어 성교육에서 더욱 강조되는 개념은 바로 '동의'다. 아직 언어와 개념이 서툰 유아들에게도 '동의 없는 접촉은 안 된다'라는 원칙은 충분히 가르칠 수 있다. 예를 들어 "누군가의 몸을 만지기 전에 꼭 물어야 해", "싫다고 하면 멈춰야 해"와 같은 문장을 반복적으로 알려주고, 실제 놀이 상황 속에서 실천해볼 수 있게 도와주는 것이 좋다. 이는 단지 성적인 상황에 국한되지 않는다. 친구를 껴안을 때, 장난을 칠 때도 상대의 감정과 반응을 살피는 연습이 되어야 한다. 동의 없는 접촉은 장난이 아니라, 상대를 불편하게 할 수 있다는 것을 일찍부터 알려줘야 한다. 친구와의 관계에 따른 공감 교육이다.

반대로 아이가 자신이 불편한 접촉이 이루어졌을 때 "싫어요",

"하지 마세요"라고 말할 수 있는 용기를 기르도록 도와주는 것도 매우 중요하다. "내 몸은 내 거야"라는 말은 단순하지만 아이에게 자기 결정권과 안전에 대한 감각을 길러주는 강력한 메시지다. 부모 역시 아이가 예쁘다고 해서 무조건적인 접촉을 시도해서는 안 된다. 아이가 싫다고 말하거나 하지 말라고 표현할 때는 반드시 '멈춤'이 필요하다.

가정에서나 기관에서의 성교육은 어렵거나 어색한 말로 시작할 필요가 없다. 아이의 일상 속, 작은 순간 하나로 충분히 시작할 수 있다. 아이가 호기심으로 질문할 때, 당황하지 않고 자연스럽게 대화를 나누는 것, 그것이 바로 성교육의 시작이다. 어른이 성에 대해 숨기지 않고 열린 마음을 보여줌으로써 아이도 성을 건강하고 긍정적으로 바라볼 수 있다. 성은 감춰야 할 부끄러운 것이 아니라, 소중한 삶의 일부이기 때문이다. 몸의 경계를 존중하고, 자율성을 인정하며, 서로를 배려하는 태도가 성교육의 본질이며, 결국 가정에서부터 시작되어야 한다.

성교육은 단순한 지식 전달이 아니라, 사람을 존중하는 삶의 태도이자 인성을 기르는 교육이다. 아이에게 성교육은 곧 자신을 사랑하고 지킬 수 있는 힘을 주는 일이다. 부모는 말보다 태도로, 가르침보다 행동으로 아이에게 보여줘야 한다. 아이의 질문 앞에 머뭇거리지 말고, 함께 배우고 성장하는 동반자가 되어야 함을 우리는 알고 있다. 바른 성교육은 아이가 살아갈 세상을 따뜻하고 안전하게 만들어 줄 것이다. 그 시작은 거창한 말이 아니라, 오늘 아이와 나누는 작은 대화 하나에서부터 시작된다.

뇌를 다양하게 자극하는
보드게임

아이 앞에 놓인 박스를 바라보는 눈빛에는 기다림이 머문다. 작은 손은 아직 가만히 있지만, 마음은 이미 보드게임 속 이야기 한복판을 누비고 있다. "하나, 둘, 셋!" 누군가의 외침에 맞춰 뚜껑이 열리는 순간, 아이의 눈이 반짝인다. 새로운 세계가 펼쳐지는 그 짧은 찰나에 아이의 뇌는 상상과 기대로 가득 찬 공간으로 점프한다.

보드게임은 단순한 놀잇감이 아니다. 주사위를 굴리고 말을 옮기는 동작 너머에는 문제를 해결하려는 사고력, 상대의 전략을 파악하려는 추론력, 때로는 승부를 받아들이는 감정 조절까지, 아이의 뇌를 다채롭게 자극하는 요소들이 숨겨져 있다. 이 작은 상자 하나가 열릴 때마다 아이의 뇌에는 수많은 신경망이 반응하며 성장을 위한 회로를 잇는다.

예를 들어, '마이 리틀 주(My Little Zoo)' 게임은 아이가 작은 동물원을 직접 꾸며볼 수 있다. 울타리 블록을 놓아 사자와 얼룩말을 분리하고, 나만의 동물원을 완성하는 과정에서 공간 감각과 논리적 사고가 발달한다. 울타리를 어디에 놓아야 동물들이 안전할지 생각하면서 사고의 유연성과 손끝의 협응 능력, 즉 정교한 손가락 조작 능력을 함께 키우게 된다. 아이는 놀이를 즐기며 창의적으로 동물 친구들을 배치해보고, 작은 성공에 환하게 미소 짓는다면 '나는 혼자 할 수 있어'가 깃든 자신감의 표현일 것이다. 이처럼 놀이 속 배움의 순간은 아이에게 재미와 성취감을 동시에 전해준다.

한편, '패타젬블(Pattassemble)'과 같은 패턴 매칭 게임은 도형과 문양 인지 능력을 길러주는 놀이다. 한국 전통 격자무늬 타일을 연결해서 그림을 완성하는 이 게임을 할 때, 아이는 모양과 색을 구별하고 나만의 패턴을 만들어내기 위해 머리에 안내도를 만든다. 자연스럽게 주의력과 창의력이 발달하고, 공간 지각 능력이 향상되며, 인지 발달에도 큰 도움이 된다. 타일 하나하나를 신중히 놓다 보면 기하학적 개념과 패턴 인식이 뇌 속에서 단단히 연결되는 것을 경험하게 된다. 이것이 바로 몰입이 아니겠는가.

이처럼 다양한 게임들이 각기 다른 두뇌 영역을 자극한다. 또 다른 예로 '몬스터타워(Monster Tower)' 게임을 하면 균형 감각과 소근육 조절이 발달한다. 아이는 몬스터 블록을 높이 쌓으면서 손과 눈의 협응 능력을 키우고, 블록이 무너지지 않도록 전략을 세울 수 있어야 한다. 이 과정은 공간 지각력과 문제 해결력을 자극하며, 실패해도 다시 도전해보는 인내심을 길러준다. 한층 높아진 탑 위에서 놀라워하는 아이의 눈빛은 성취감과 함께 두뇌 활동의 즐거움을 말없이 보여주는 것을 알 수 있다.

숫자와 친해지는 '넘버빙고(Number Bingo)' 게임은 수 개념과 기억력을 쑥쑥 키워준다. 아이들은 무작위로 제시된 숫자를 읽고, 자신의 빙고 판에 알맞게 배치하며, 가로줄이나 세로줄을 맞춰나간다. 이 단순한 놀이를 통해 숫자 읽기와 기초 계산 능력이 자연스럽게 길러진다. 게임에 몰입하는 동안 아이의 뇌에서는 해마를 중심으로 단기 기억력이 활발하게 작동한다. 숫자를 기억하고, 알맞은 위치를 떠올리는 과정 자체가 뇌를 자극하는 훌륭한 활동인 셈이다. 또한 넘버빙고는 정서 발달에도 도움을 준다. 차례를 기다리며 인내심을 배우고, 친구가 숫자를 불러줄 때는 설렘과 기대감을 경험한다. 줄이 맞춰졌을 때는 스스로도 놀라울 만큼 큰 성취감을 느끼게 된다.

'스퀘어스(Squares)'는 타일의 꼭짓점만 맞닿게 놓아야 하는 독특한 규칙을 가진 게임이다. 아이는 이 규칙을 따라가며 '꼭짓점'이 무엇인지 손끝으로 느끼고, 면과 선의 차이도 자연스럽게 배운다. "여기에 놓으면 나중에 어떻게 될까?" 하며 머릿속으로 공간을 그려보고, 다음 차례를 기다리며 차분히 집중하는 모습도 볼 수 있다. 친구가 빠르게 타일을 놓으면 아이는 "야, 나도 할 수 있어! 조금만 기다려 봐" 하며 스스로를 다독이고, 용기를 내는 모습이 대견하다. 어느새 눈빛은 진지해지고, 전략은 한 수 앞을 내다보며 깊어진다. '5살 아이 눈빛이 이렇게까지 진지할 수 있을까?' 하는 생각이 스치기도 한다. 게임이 끝난 후 이긴 친구는 신이 나서 온몸을 흔들고, 진 친구는 속상한 목소리로 "야, 다시 한 번 더!"라고 외친다. 이렇게 교실은 아이들의 힘으로 놀이가 살아나고, 배우는 힘도 성큼성큼 자라난다.

논리 퍼즐 같은 '로드블록(Road Block)' 게임은 추리력과 문제 해결 능력을 길러준다. 빨간 자동차가 게임판을 빠져나가지 못하도록 경찰차를 배치하는 이 게임은 머릿속으로 여러 경우를 상상하게 한다. 아이는 어느 칸에 하얀 경찰차 블록을 놓아야 효과적으로 길을 막을 수 있는지 고민하며 계획을 세우고, 시행착오를 겪는다. 이 과정에서 전두엽이 활성화되어 논리적 사고와 집중력이 길러지고, 실패했을 때도 감정을 조절하는 법을 배우게 된다. 게임이 잘 풀렸을 때의 기쁨은 작은 성공의 경험으로써 아이의 자신감 형성에 기여할 것이다.

끝으로 '젬투젬(Gem to Gem)' 같은 정통 보드게임은 목표 달성의 재미를 준다. 주사위를 굴려 보석 말을 이동해서 상대 진영으로 가장 먼저 도착하는 게임으로, 수를 세는 능력과 속도 조절 능력을 발달시킨다. 아이는 순서를 기다리며 차례 놀이의 규칙을 익히고, 게임판을 읽는 과정에서 시각 집중력을 기른다. 이기고 지는 승부 속에서 울고 웃으며 감정을 표현하고 조절하는 법을 배움으로써 정서 발달에도 긍정적인 영향을 미칠 수 있다.

우리 집은 가족이 모이는 날이면 자연스레 루미큐브를 꺼내 든다. 평소 조용한 집안은 어느새 긴장감과 웃음이 가득한 공간으로 바뀐다. 서로의 얼굴을 마주 보며 숫자를 맞추고, 상대의 마음을 읽기 위해 눈빛을 살피다 보면 자연스럽게 머리가 맑아지고 집중력이 살아난다. 원하는 숫자가 나오지 않을 때면 애교 섞인 투정도 주고받으며, 기막힌 한 수에는 환한 웃음과 박수가 이어진다. 다섯 명이 함께 보내는 이 시간은 단순한 게임이 아니라, 서로를 이해하고 마음을 나누는 따뜻한 소통의 순간이 된다. 이렇게 가족과 함께하는 루미큐브는 뇌를 자극하는 즐거움과 더불어, 사랑이 깊어지는 소중한 기억이 되어 마음속에 오래 행복으로 남는다.

이처럼 다양한 보드게임들은 놀이를 통해 아이의 몸과 마음과 두뇌를 모두 자극한다. 게임을 하는 동안 아이는 수학·언어·과학적 사고 같은 인지적 자극을 받으며, 순서와 규칙을 익히는 과정에서 자기통제력과 성취감을 키운다. 또한 보드게임은 친구나 가족과 함께하는 놀이이므로, 대화를 통해 의사를 주고받고 감정을 조절하며 사회성을 길러준다. 게임 중에 "지금 네 차례야", "규칙을 잘 지켜야 해"와 같은 상호작용을 거치며 아이는 협동과 배려심을 배우고, 졌을 때도 위로받으며 감정을 다스리는 법을 익히는 소중한 시간이 된다.

보드게임은 아이의 손끝에서 시작되지만, 결국 마음과 생각, 그리고 관계의 세계로 이어진다. 부모는 그 여정의 가장 따뜻한 동반자다. 아이가 한 칸씩 전진할 때마다 그 발걸음을 지켜보며 함께 웃고 응원하는 것, 그것이 진짜 '놀이의 힘'을 완성하는 순간일지도 모른다.

공간 지각 능력과 기억 조합을 발달시켜주는
블록놀이

요즘 아이들의 놀이가 점점 디지털화되고 있다. 하지만 손으로 만지고, 눈으로 관찰하며, 온몸으로 몰입하는 전통적인 놀이의 힘은 여전히 강력하다. 이탈리아의 교육학자 마리아 몬테소리(Maria Montessori)의 "손은 마음의 또 다른 뇌다"라는 말처럼, 손을 사용하는 활동은 두뇌 발달과 직결된다. 그중에서도 블록놀이는 단순한 조립 활동을 넘어 아이의 뇌를 깨우는 최고의 '두뇌훈련'이라고 할 수 있다. 특히 뇌 발달의 황금기인 3~7세 아이들에게 블록놀이는 공간을 지각하고 기억을 조합하는 능력을 키워주는 가장 값진 선물과도 같다.

아이들이 움직이는 공간은 언제나 에너지로 가득하다. 여기저기 옹기종기 모여 있는 아이들 틈에서 멋진 건축물이 만들어지고 있다.

"주차장 만들었어!"

한 아이의 말에 자동차 블록을 들고 있던 친구가 다가와 묻는다.

"입구는 어디야?"

"아, 맞네. 입구가 없잖아."

아이의 발견에 옆에 있던 친구들도 "크크크" 하며 덩달아 웃는다. 그리고 주차장이었던 블록 건축물은 순식간에 더 높은 타워 주차장으로 변신하기 시작한다. 타워 주차장이 높이 올라갈수록 "탑이다!", "빌딩이다!" 또는 "우리 아파트야!"라고 외친다. 쌓았던 블록이 쓰러져버리면 "와!" 하는 소리와 웃는 소리로 가득하다. 이렇듯 아이들은 블록을 쌓는 과정을 통해 본능적으로 '안정적인 구조'를 탐색하고, 위치와 방향을 조절하며 자신도 모르는 사이에 공간을 온몸으로 이해하게 된다.

그리고 블록놀이는 다시 시작된다. 아이들이 블록나라로 들어가는 순간, 그곳은 더 이상 단순한 놀이 공간이 아니다. 마치 동화 속 세계에 발을 들인 듯, 공룡이 뛰놀고, 파란 얼굴의 스머프들이 바쁘게 움직이며, 엘사는 얼음 성을 지어 아이들과 함께 살아 숨 쉰다. 현실과 상상이 뒤섞인 이 세계 속에서 아이들은 자신만의 구조물을 만들고, 이야기를 엮어가며, 무한한 조합의 가능성을 탐험한다.

이 과정에서 아이들의 뇌는 끊임없이 기억을 꺼내 연결하고, 머릿속 이미지를 공간에 구현하며 조작한다. '이 블록은 어제 만든 성의 탑이었지', '스머프 집은 숲 속에 있어야 해'와 같이 기억과 경험을 조합해서 더 정교한 구조를 만들고, 이를 통해 자연스럽게 공간지각력과 기억 조합 능력이 함께 발달하는 것이다. 블록놀이는 그 자체로 아이들의 두뇌를 입체적으로 자극하는 놀라운 학습의 장이다.

이처럼 블록놀이는 단순한 장난감이 아닌, 아이의 두뇌와 감각을 총동원하는 종합적인 놀이 활동이다. 그렇다면 이런 놀이가 더욱 풍성하게 펼쳐지기 위해서는 어떤 환경이 필요할까?

먼저 중요한 것은 충분한 시간과 방해받지 않는 공간이다. 아이가 마음껏 상상하고 시도할 수 있도록 기다려주고, 정리하라는 말보다 지금 펼쳐지는 이야기와 구조물에 집중할 수 있도록 환경을 허락해주는 것이 우선이다. 한쪽 벽면이나 넉넉한 매트 위 공간처럼 아이가 블록을 펼쳐두고 며칠간 계속 이어갈 수 있는 '열려 있는 놀이공간'을 마련해주면 좋다.

또한 다양한 모양과 크기의 블록, 인형, 동물 피규어 등 놀이를 확장할 수 있는 소품들도 함께 배치해보자. 아이들은 단순한 사각형 블록 하나에도 나무, 자동차, 다리 등 수많은 의미를 부여한다. 작은 소품 하나가 놀이의 방향을 바꾸고, 상상력을 자극하는 단서가 될 수 있다.

무엇보다 중요한 것은, 정답 없는 놀이를 존중하는 태도다. 어른의 눈에는 엉성하고 허술해 보여도 아이의 머릿속에서는 논리와 감정, 창의와 기억이 오밀조밀하게 엮여 있는 멋진 구조물일 수 있다. "이건 뭐야?", "여기에는 어떤 이야기가 숨겨져 있니?"라고 물어봐 주는 한마디가 아이의 몰입을 깊게 하고, 블록 나라의 세계를 더 풍요롭게 만든다.

블록놀이는 놀이의 재미를 넘어서, 아이의 전인적 발달을 이끄는 강력한 자극제가 된다. 먼저 공간 지각 능력은 블록을 쌓고 배열하면서 자연스럽게 자극된다. '높이', '넓이', '균형', '대칭' 같은 개념을 몸으로 체득하며, 눈으로 본 형태를 손으로 구현하는 과정을 통해 시각적 공간 인식 능력이 발달한다. 이 능력은 훗날 수학적 사고력과도 깊은 관련이 있다.

또한 블록을 조립하고 해체하는 과정은 아이의 기억력과 조합력을 훈련시킨다. 이전에 만든 구조를 떠올려 반복하거나 변형하는 과정에서 단기기억과 장기기억이 연결되고, 머릿속 이미지들을 재구성하는 능력이 자라난다. 이는 언어 표현력이나 이야기 구성력, 창의적인 문제 해결력으로 확장될 수 있다. 게다가 블록놀이는 소근육 발달과 양손 협응력을 기르며, 집중력과 인내심도 함께 키워준다. 혼자서 블록을 쌓을 때는 자기조절력과 사고 집중력이, 함께 놀 때는 협업 능력과 사회성이 발달한다. 친구와의 협상, 의견 조율, 역할분담을 경험하면서 놀이 속에서 자연스럽게 사회적 기술을 익히는 것이다.

무엇보다 중요한 것은, 블록놀이가 아이에게 '나는 만들어낼 수 있는 존재야'라는 강력한 자기 효능감을 심어준다는 점이다. 머릿속 상상이 실제 구조물로 나타나는 경험은 아이에게 성취감과 자신감을 안겨주며, 이러한 경험들이 쌓여 아이의 내면을 탄탄하게 만든다.

아이에게 블록놀이는 그저 시간을 보내는 활동이 아니라, 삶을 배우고 세상을 탐험하는 중요한 통로다. 그렇기에 부모는 결과물이 아닌 과정에 담긴 생각과 감정, 탐색의 흔적에 주목해야 한다. 삐뚤빼뚤해 보여도, 아이는 자기만의 논리와 계획 속에서 구조를 세우고 있다. 무너진 블록 속에서도 도전하고 다시 쌓는 힘을 키워가고 있다.

부모가 할 수 있는 가장 큰 역할은 아이의 놀이를 신뢰하고 기다려주는 것이다. "이게 뭐야?"라고 묻는 대신, "어떻게 만들었어?", "여기에는 어떤 이야기가 숨겨져 있어?"라고 물으며 아이의 생각을 함께 따라가 보는 것이다. 그 안에서 아이는 존중받는다는 느낌을 받고, 자신의 상상과 표현을 더 확장해나간다.

블록놀이는 결국, 아이의 손과 눈과 마음이 함께 자라는 시간이다. 그 시간이 차곡차곡 쌓일수록 아이의 내면은 더 깊어지고, 세상을 바라보는 힘은 더욱 넓어진다. 오늘 아이의 블록놀이를 다시 바라보자. 그 작은 손끝에서 커다란 세계가 자라고 있다.

아이들은 언제나 자기만의 세계를 인정받을 권리가 있다. 조금 느리고, 때로는 이해가 더디더라도, 놀이 속에서 마음의 벽에 부딪히는 경험은 아이들로 하여금 이전보다 한 뼘 더 자란 자신을 만나게 해준다. 그것이 바로 놀이의 본질이며, 어른들이 마련해줄 수 있는 가장 좋은 환경이다.

이렇게 배운 놀이에는 아이들의 삶에 자연스럽게 스며드는 지혜가 있다. "오늘도 정말 재미있었어!"라는 말을 하게 된다면, 아이들은 새로운 무언가를 마주하더라도 기꺼이 도전할 수 있는 용기를 스스로 꺼내게 될 것이다.

기억력과 조절 능력을 발달시키는
메모리 게임

유아기는 아이의 전반적인 발달에서 가장 중요한 시기 중 하나다. 이 시기에 아이들은 주변 환경을 끊임없이 탐색하고, 새로운 정보를 흡수하며, 자신만의 방식으로 세상을 이해하기 시작한다. 특히 기억력은 이러한 학습 과정의 핵심적인 요소로 작용하며, 단순히 정보를 외우는 능력만을 의미하는 것이 아니다. 아이들이 새로운 단어를 배우고, 얼굴을 인식하며, 사건의 순서를 이해하고, 심지어는 좋아하는 장난감의 위치까지 기억하는 모든 과정에 기억력이 관여한다. 잘 발달된 기억력은 아이가 학교에 가서 새로운 지식을 습득하고, 친구들과 상호작용하며, 문제를 해결하는 데 필수적인 기초가 된다. 이처럼 기억력이 중요한 유아기에 부모, 친구와 함께하는 '메모리 게임'은 단순한 놀이 이상으로 뇌 발달과 감정 조절을 돕는 훌륭한 도구가 된다.

"여기 있었던 것 같아!"

아이의 작은 손이 신중하게 카드 한 장을 뒤집는다. 두 장이 똑같은 그림으로 맞춰지면 아이의 눈은 반짝이고, 작은 얼굴에는 환한 미소가 번진다. 단순한 카드 게임 같지만, 그 안에 아이의 뇌와 마음이 어떻게 자라고 있는지 살펴보면 놀라울 따름이다.

3~5세 무렵은 아이가 세상을 인지하고 이해하는 능력이 급격히 자라는 시기다. 아이의 뇌는 마치 스펀지처럼 새로운 정보를 흡수하고, 기억하며, 구분하는 힘을 키운다. 그리고 이때 중요한 역할을 하는 것이 바로 간단한 '메모리 게임'이다.

처음에는 아이가 어디에 어떤 카드가 있었는지 기억하지 못해 무작위로 뒤집기 일쑤다. 그러나 몇 번 반복하다 보면, 어느 순간 아이가 조심스럽게 "여기 있었던 것 같아!"라고 말하면서 기억을 꺼내기 시작한다. 아이가 직접 자신의 기억력을 시험해보는 이 과정은 단기 기억력 발달에 큰 도움을 준다. 눈앞에 스쳐 지나간 그림을 머릿속에 저장해뒀다가 다시 꺼내 보여주는 일, 이것이 바로 아이의 뇌가 활발히 연결되는 중요한 과정이다. 또한 메모리 게임은 아이의 집중력도 키워준다. 게임이 진행되는 동안에는 차례를 기다리고, 다른 친구가 카드를 뒤집는 모습을 지켜보는 아이들의 얼굴은 신중하고 진지하다. 짧은 시간이라도 조용히 집중하며 주의를 기울이는 경험이 아이의 뇌 회로를 튼튼하게 만드는 것이다. 더불어, 맞추지 못했을 때 느끼는 아쉬움과 실망감을 자연스럽게 받아들이는 감정 조절 능력도 기르게 된다. 게임은 단순히 '이기는 것'이 아니라 '도전하고 다시 시도하는 법'을 배우는 시간이기도 하다.

엄마, 아빠, 그리고 친구들과 하는 메모리 게임은 아이들의 기억력 발달에 아주 좋은 활동이지만, 때로는 카드를 맞히지 못해 속상해하거나 울음을 터뜨리는 경우가 있다.

"나, 안 해."

"싫어. 다시 안 할 거야!"

이럴 경우에는 매우 난감하다. 아이가 게임 규칙을 인정하지 못하고 우는 것은 규칙 자체를 이해하지 못해서가 아니라, 승부욕이 강하거나 아직 감정 조절 능력이 미숙한 유아기 아이들에게 흔히 일어나는 일이기도 하다. 이 시기의 아이들에게는 이기고 지는 것보다 '함께 즐겁게 노는 경험'을 쌓아주는 것이 훨씬 중요하다.

다음은 아이가 메모리 게임 중 속상해할 때 시도해볼 수 있는 지도 방법들이다.

1. 게임 전 : 즐거운 분위기 만들기

본격적인 게임에 들어가기 전에 긍정적인 분위기를 조성하고 기대치를 조절하는 것이 중요하다. 이런 상황에서 아이의 감정을 이해하고 현명하게 대처하는 것이 중요하다.

- **승패보다 '과정' 강조하기** : "우리 오늘 재미있게 그림 카드 찾기 놀이 해볼까?"처럼 승패를 언급하기보다는 '재미있는 놀이'라는 점을 강조해보자. "누가 이기나 해보자!"라는 말은 아이의 경쟁심을 자극할 수 있다.
- **규칙은 아주 간단하게** : "한 사람씩 번갈아 가면서 카드를 두 개 뒤집는 거야. 같은 그림이 나오면 내가 갖고, 다른 그림이면 다시 뒤집어놓는 거지. 어때, 간단하지?"와 같이 아이 눈높이에서 쉽고 명확하게 설명해준다.
- **협동 게임으로 시작하기** : 처음에는 이기고 지는 것 없이 "엄마랑 힘을 합쳐서 모든 짝을 다 찾아보자!"와 같은 협동 놀이로 시작하는 것이 좋다. 아이는 게임 방식에 익숙해지고, 부모님과 함께 무언가를 해냈다는 성취감을 느낄 수 있다.

2. 게임 중 : 과정 칭찬하기

게임의 결과보다는 아이의 노력과 참여 자체를 칭찬하며 과정을 즐길 수 있도록 도와줘야 한다.

- **노력을 칭찬하기** : "우와, 아까 그 그림이 어디 있었는지 잘 기억하고 있네!", "씩씩하게 카드를 잘 뒤집는구나!"와 같이 결과

와 상관없이 아이의 행동과 노력을 구체적으로 칭찬해준다.
- **부모님도 실수하는 모습 보여주기** : 일부러 다른 카드를 뒤집으며 "아차, 엄마가 헷갈렸네. 괜찮아. 다시 하면 되지!"와 같이 졌을 때나 실수했을 때 긍정적으로 반응하는 모습을 보여준다. 이를 통해 아이는 자연스럽게 '틀려도 괜찮다'라는 것을 배우게 된다.
- **함께 즐기기** : 아이가 짝을 찾으면 "우와! 찾았구나! 축하해!" 하며 함께 기뻐해주고, 부모님이 짝을 찾아도 "엄마가 운이 좋았네! 다음엔 네 차례야"라며 담담하게 반응해준다.

3. 아이가 울 때 : 공감 후 단호하게

아이가 규칙을 어기거나 지는 상황에서 울음을 터뜨렸을 때가 가장 중요하다.

- **1단계** : 감정 먼저 읽어주기 (※가장 중요)
  - 다그치기 전에 아이의 마음을 먼저 알아준다. "같은 그림이 안 나와서 많이 속상하구나", "엄마가 카드를 가져가서 화가 났어?"라고 말하며 아이의 감정을 인정해주면, 아이는 존중받는 느낌을 받고 감정을 진정시키는 데 도움이 된다.
- **2단계** : 규칙 짧게 다시 알려주기
  - 감정에 공감해준 뒤, "하지만 게임 규칙은 한 번씩 번갈아 가면서 하는 거야. 지금은 엄마 차례야"와 같이 짧고 단호하게 규칙을 다시 한번 알려준다.

- **3단계** : 대안 제시 및 잠시 멈추기
  - 아이가 계속 울고 떼를 쓴다면 게임을 강행하지 말고 "지금은 너무 속상해서 게임을 하기 힘들구나. 우리 잠시 물 마시고 기분 좋아지면 다시 할까?"라고 말하며 게임을 잠시 중단하는 것이 좋다. 이를 통해 아이는 자신의 감정을 조절하는 법을 배우게 된다.

4. 장기적인 관점 : 꾸준함이 중요하다

아이의 감정 조절 능력과 사회성은 단번에 길러지지 않는다. 모든 습관도 마찬가지로 꾸준한 노력이 필요하다.

- **다양한 보드게임 경험** : 메모리 게임뿐만 아니라 주사위 던지기, 간단한 카드 게임 등 운이 필요한 게임과 실력이 필요한 게임을 골고루 경험하게 해줘야 한다.
- **짧고 즐겁게** : 아이의 집중 시간은 짧다. 게임은 5~10분 내외로 짧게 끝내고, 아이가 "더 하고 싶다"라고 말할 때 마무리하는 것이 좋은 기억을 남기는 방법이다.
- **일상에서 규칙 경험하기** : "밥 다 먹고 간식 먹기", "장난감 정리하고 책 읽기" 등 일상생활 속에서 정해진 순서와 규칙을 경험하게 하는 것도 도움이 된다.

엄마, 아빠와 함께하는 메모리 게임은 아이에게 단순한 놀이 그 이상이다. 눈을 맞추며, 웃고 칭찬하며, 소통하는 그 시간은 아이에게 정서적인 안정감과 자신감을 심어준다. 또한 서로의 감정을 읽고 존중하는 경험은 아이의 마음을 더욱 단단하게 키워준다. 무엇보다도 부모와 아이가 같은 공간, 같은 시간 속에서 함께 노력하는 과정을 통해 아이는 '나는 혼자가 아니야'라는 따뜻한 확신을 얻게 된다. 결국, 아이의 뇌를 가장 건강하게 성장시키는 자양분은 지식이 아니라 '정서적 안정'과 '사랑받고 있다는 믿음'이다.

놀이 시간을 학습의 기회로만 보지 말고 온전히 아이와 눈을 맞추고, 함께 웃으며, 기뻐해주자. 부모가 아이 눈을 보며 웃는 그 순간은 부모와 아이 모두에게 '행복 충전'의 시간이 된다. 그 시간이야말로 아이의 지금에 힘을 실어주고, 미래를 더 멀리 나아가게 하는 에너지가 될 것이다.

구슬,
사고력을 굴리다

아이 손에 쥐어진 작은 구슬 하나. 데굴데굴 굴러가는 그 구슬을 바라보며 아이는 무슨 생각을 할까? 알록달록한 색깔에 마음을 빼앗기고, 손바닥, 손끝을 간질이는 매끄러운 촉감에 까르르 웃음꽃을 피우기도 한다. 바닥에 부딪히는 경쾌한 소리에 귀 기울이며 자신만의 리듬을 찾아내는 모습. 이 모든 순간은 아이에게 단순한 유희를 넘어선 세상과의 첫 만남이자, 자신만의 '생각의 씨앗'을 심는 과정이다.

처음에는 그저 쥐고 노는 데서 시작하지만, 아이의 호기심은 끊임없이 새로운 질문을 던진다. 구슬을 하나, 둘 모으기 시작하고, 빨간색은 빨간색끼리, 파란색은 파란색끼리 나눠서 분류한다. 그러다 보면 어느새 구슬들을 일렬로 세워 크기 순서대로 정렬하거나, 자신만의 특별한 규칙을 만들어 놀이에 적용하기도 한다. 이 모든 과정은 아이가 세상의 질서를 이해하고 자신만의 논리를 세워나가는 귀중한 경험이 된다.

"아이와 함께 놀아라. 그 아이가 너를 가르칠 것이다."

-《탈무드》

유대인의 지혜가 담긴 《탈무드》는 "아이를 가르치려면 그가 좋아하는 놀이를 통해 가르치라"라고 말한다. 이 말은 놀이가 단순한 시간 보내기가 아님을 강조하는 것이다. 구슬 놀이를 통해 아이는 수의 개념을 익히고, 논리적인 사고력을 키우며, 자연스럽게 복잡한 문제를 해결하는 능력을 배운다. 부모는 아이의 놀이를 주의 깊게 관찰함으로써 아이의 관심사와 현재 발달 단계를 파악할 수 있고, 이를 통해 아이에게 가장 적합한 교육적 지원을 제공할 수 있다. 아이가 구슬을 세고 나누며, 규칙을 만드는 모든 과정 속에서 우리는 미래의 수학자, 과학자, 예술가, 또는 그 무엇이든 될 수 있는 무한한 잠재력을 엿볼 수 있다.

아이들의 교실은 놀이터이자 작은 우주다. 그중에서도 블록으로 만든 미끄럼틀 위를 구슬 하나가 데굴데굴 굴러가는 그 순간, 아이들의 눈빛은 놀이라는 이름의 탐구에 깊이 빠져든다. 마치 피아제의 실험실이나 비고츠키의 교실이 바로 눈앞에 펼쳐지는 듯하다. 단순한 장난감이 아니라 공간을 읽고, 예측하며, 실험하는 도구가 된 것이다.

"야, 멀리 갔어!" 하는 친구의 탄성에 이어, 누군가는 도착 지점을 스티커로 표시한다. 그 모습은 과학자의 실험 기록처럼 진지하다. 기다리는 친구들은 숨죽이며 관찰하고, 나도 해보겠다고 조바심을 내기도 한다. 이 작은 놀이 속에는 질서와 순서, 관찰과 예측, 사회적 협력이 자연스레 스며들어 있다.

"다음은 2단계야."

아이들은 바닥에 엎드려 구슬 맞추기에 열중한다. 길이는 조금 짧게, 그리고 단계별로 더 멀리 구슬을 가져다 놓는다. 아이들 스스로 단계와 규칙을 만들고 순서가 정해진다. 차례를 기다리고, 친구의 결과를 관찰하며, 자신의 다음 시도를 계획하는 과정은 비고츠키가 강조했던 사회적 상호작용과 협력의 규칙을 자연스럽게 내면화하는 시간이다.

놀이터로 장소를 옮기면 아이들의 세상은 더욱 넓어진다. 흙바닥, 풀밭, 모래 위에서 구슬은 다르게 굴러가고, 생각도 오감으로 입혀진다. 아이들은 당황하다가 이내 질문한다.

"왜 멀리 안 가?"

"힘껏 굴려야 하나?"

아직 과학적인 언어는 모르지만, 그 질문 속에는 사고의 씨앗이 자라고 있다. 구슬은 굴러가지만, 아이의 생각은 거기서부터 시작된다. 아이들은 경험을 통해 전략을 바꾸고, 환경에 맞춰 행동을 조절하며 몸으로 배우는 중이다. 특히 모래밭에서 벌어진 '구슬 넣기 게임'은 그야말로 창의력의 무대다. 손가락으로 튕기는 게 어려우면 손끝으로 밀어보기도 하고, 막대를 이용해보자는 아이디어가 나온다.

"아빠가 골프 칠 때처럼 해보자!"

이 한마디는 비고츠키가 말한 '근접 발달 영역'을 떠오르게 한다.

"세모, 네모, 그리고 동그라미 안에 넣는 것도 해보자."

아이들은 저마다 생각의 고리들을 풀어낸다. 어른의 행동을 관찰하고, 그것을 자기 식으로 응용하는 과정은 배움의 가장 깊은 지점이기도 하다.

"지혜로운 자는 듣고 학문이 더할 것이요, 명철한 자는 모략을 얻으리라."

-《성경》잠언 1:5

구슬 놀이는 아이에게 거리감, 속도, 각도 같은 공간 지각 능력을 길러주고, 예측-실행-분석이라는 사고의 구조를 자연스럽게 익히도록 한다. 놀이가 곧 배움이고, 실험이며, 창의력의 시작인 셈이다.

여기서 교사와 부모가 해야 할 일은 크지 않다. 다만 아이가 구슬을 굴리는 순간, "어떻게 그렇게 갔을까?"와 같은 한마디 질문을 던지면, 아이들은 신명이 난다. 그리고 아이들은 생각을 조금 더 펼치기도 하고 아이들끼리 생각을 조율하기도 한다.

교사와 부모는 아이들의 자발적인 놀이 속에서 배움의 기회를 발견하고, 적절한 질문으로 사고를 자극하며, 필요할 때는 조심스럽게 도움을 건넴으로써 아이의 성장을 더욱 풍요롭게 이끌 수 있다. 중요한 순간, 살짝 도와주되, 아이의 시도를 신뢰하며 한 걸음 물러서는 것도 지혜다.

작은 구슬 하나가 굴러가는 그 움직임 속에서 아이는 세상을 배우고, 삶을 실험하며, 스스로 성장하고 있다. 아이의 성장은 혼자가 아니라, '같이'에서 비롯된다. 함께할 때 진짜 성장이 시작된다.

작은 손안의 장난감 하나로도 세상을 품은 배움은 충분하다. 아이들과 어울림이 서툰 아이도 어느새 친구와 함께 놀이에 빠져든다. 구슬이 부딪히며 나는 소리에 "까르륵, 까르륵" 하고 웃음이 번진다. 구슬은 공기놀이로 변형되기도 하고, 손안에 쥔 구슬의 개수를 세며 자연스럽게 숫자놀이가 되기도 한다. '가위, 바위, 보'를 통해 구슬을 주고받으며 많고 적음을 배우기도 한다. 움직이지 않게 구슬을 세우려고 손끝에 힘을 주는 모습에는 하나하나에 최선을 다하는 아이의 진심이 담겨 있다. 작은 것도 소중히 여길 줄 아는 마음, 그 마음이야말로 아이 자신을 표현하는 언어다.

이처럼 구슬놀이는 아이들에게 미시적인 거리감, 각도, 속도를 판단하게 하고, 거시적으로는 지형의 변화가 운동에 미치는 영향을 탐색하게 하는 훌륭한 공간 지각 훈련의 장이 된다. 또한, 예측과 가설 설정, 결과 분석, 그리고 대안 모색에 이르는 일련의 과정은 아이들의 사고력을 다면적으로 확장시킨다.

구슬 하나가 굴러가는 작은 움직임 속에서, 아이들은 무한한 가능성의 세계를 탐험하고 있었다. 그 속에는 배움만이 아니라, 아이가 삶을 마주하는 진심 어린 태도 또한 담겨 있다.

완성된 놀이는 없다. 다만, 놀이 속에서 매 순간을 진심으로 살아내는 아이가 있을 뿐이다. 아이의 세계를 믿고 응원해주는 것. 그것이 씨앗이 자라 열매를 맺을 수 있도록 돕는 것이 어른이 할 수 있는 가장 큰 배려이자 사랑이다.

협응력과 조절력을 발달시키는
신체놀이

요즘은 흙이 깔린 운동장을 찾기가 쉽지 않다. 교사 생활을 시작했을 때는 대부분 운동장이 흙으로 되어 있었다. 아이들은 그 위에서 평균대를 건너고, 술래잡기와 막대 타기, 뜀틀 넘기를 했다. 달리다 넘어지는 일은 일상이었고, 까진 무릎은 여름날의 상징처럼 느껴지기도 했다. 그렇게 아이들은 달리고, 넘어지고, 울고, 웃으며 하루하루를 보냈다. 그 움직임 속에서 아이는 비로소 자신의 몸을 인식하고, 조절하는 법을 배우기 시작했다. 마리아 몬테소리는 말했다.

"유아기의 신체활동은 단지 몸을 키우는 것이 아니라, 마음과 인간관계, 뇌 전체를 함께 자라게 한다."

아이들의 협응력은 눈, 손, 발 등 여러 신체 부위가 서로 조화를 이루며 움직일 때 비로소 완성된다. 예를 들어, 공을 던지고 받을 때 눈과 손이 일사불란하게 움직여야 하며, '무궁화 꽃이 피었습니다' 놀이도 달리다 멈추거나 방향을 바꾸는 순간에는 몸 전체의 균형과 힘 조절이 필수다. 이 과정에서 아이들은 자신의 신체 움직임을 섬세하게 '조절'하는 법을 배우며, 이는 곧 일상생활에서 감정이나 충동을 조절하는 데도 긍정적인 영향을 미친다.

아이들은 운동장에서 평균대를 걷고, 달리고, 뜀틀을 넘으며 자연스럽게 협응력과 조절력을 키워갔다. 예를 들어, 한 아이는 처음에는 평균대 위에서 중심을 잡지 못해 자주 넘어졌지만, 반복적인 시도 끝에 균형을 잡는 데 성공했고, 이후 걷기뿐 아니라 뛰기, 방향 전환도 능숙해졌다. 또 다른 아이는 줄넘기 놀이를 통해 다리 힘과 타이밍 조절 능력이 눈에 띄게 향상되었으며, 공놀이 시간에는 공을 던지고 받으며 눈과 손의 협응력이 크게 발달하는 모습을 보였다.

마리아 몬테소리가 강조한 것처럼, 신체활동은 단순히 근육을 키우는 데 그치지 않는다. 실제로 신체놀이에 적극적으로 참여한 아이들은 집중력과 문제 해결 능력도 함께 향상되는 경향을 보였다. 현장에서는 신체놀이 후 아이들이 더 차분해지고, 교실 활동에서도 집중하는 시간이 길어진다는 점을 확인할 수 있었다. 또한 또래 친구와의 협력과 소통도 활발해지면서 사회성 발달에도 긍정적인 영향을 미쳤다.

나는 한 아이가 장애물 코스를 반복해서 도전하는 모습을 기억한다. 처음에는 넘어지고 주저앉기 일쑤였지만, 시간이 지날수록 아이는 신체 움직임을 스스로 조절하며 성공률이 높아졌다. 그 과정에서 아이는 자신감도 크게 상승했다. 또한 뜀틀 넘기와 같은 활동은 아이들에게 어쩌면 두려움일 수도 있기에 뛰어서 뜀틀 앞에만 서면 멈추는 아이가 많았다. 처음에는 대부분 실패를 경험했으며, 아이들마다 학습 속도가 달라 한두 번의 실패가 좌절감을 줄 수도 있었다. 하지만 친구들의 응원과 격려 속에서 다시 도전한 아이들은 결국 몇 차례 실패 후 성공하며, 자신의 능력을 새롭게 발견하는 기쁨을 맛봤다. 뜀틀 단계가 높아질수록 아이들이 느끼는 성취감은 말로 다 할 수 없는 감동이었다.

운동회 날, 부모들도 '우리를 보고 멈추면 어쩌나' 하는 걱정과 설렘이 교차하는 마음으로 아이들을 지켜봤다. 그런 자리에서 매트 넘기, 평균대 걷기, 장대 올라가기, 뜀틀 넘기와 같은 활동들은 아이들에게 신체 성장뿐만 아니라 마음 성장의 최고의 선물이 되었다. 그리고 부모님들의 환호와 박수는 아이들에게 또 다른 큰 격려가 되었다.

아이가 해낸 모든 경험들(매트 넘기, 평균대 걷기, 장대 올라가기, 뜀틀 넘기 등)은 단지 신체활동에 그치지 않았다. 교실과 또래, 가정에서의 다양한 경험이 차곡차곡 쌓여 만들어낸 결과였기에 이 모든 도전은 아이 스스로 완성한 성취였다. 그래서일까. 아이들의 마음속에는 그 시간이 마치 아름다운 수채화처럼 선명하게 남아 있을 것이다. 이러한 경험은 아이들의 성장에 든든한 밑거름이 된다. 그리고 이 값진 결과는 '넘어지고, 멈추고, 다시 도전하는' 과정이 있었기에 가능했다. 반복되는 놀이 속에서도 아이들은 흥미를 느끼고, 매 순간 새로운 즐거움과 호기심을 발견해갔다.

유아의 신체놀이는 단순한 움직임을 넘어 발달의 열쇠가 된다. 교실에서의 신체놀이는 그 자체로 수업이 되고, 아이에게는 몸과 마음이 함께 자라는 배움의 시간이 된다. 예를 들어, '풍선 따라잡기' 놀이는 간단한 준비만으로도 아이들의 눈, 손 협응력을 길러주는 훌륭한 수업이다. 교사는 천천히 움직이는 풍선을 아이들 앞에 띄워주고, 정해진 선을 넘지 않은 채 풍선을 치거나 받아보도록 유도한다. 이때 아이는 풍선의 움직임을 주의 깊게 관찰하고, 그에 맞춰 몸을 조절하면서 시각적 집중력과 신체 조절 능력을 동시에 발달시킨다. 무엇보다 실내에서도 안전하게 즐길 수 있어 교실 활동으로 적합하다.

또 다른 사례로는 '장애물 통과하기' 활동이 있다. 교실 한쪽에 매트, 쿠션, 낮은 터널, 상자 등으로 간단한 장애물 코스를 만들고, 아이들이 순서대로 통과하게 한다. 이 놀이는 방향을 바꾸는 민첩성, 속도를 조절하는 자기 통제력, 균형을 잡는 능력을 골고루 요구한다. 교사는 아이가 지나가는 동안 동작을 격려하고, 각 구간에서 "어떻게 움직이면 더 편할까?" 하는 질문을 던져 스스로 전략을 세울 수 있도록 돕는다. 아이는 놀이를 통해 자연스럽게 '내 몸의 가능성'을 탐색하고, 성공과 실패를 경험하며 자기 효능감을 키워간다.

이 외에도 더 섬세한 협응력을 요구하는 '물 옮기기 놀이'도 있다. 작은 컵이나 스포이트를 활용해서 한 쪽 통에 담긴 물을 다른 쪽으로 옮기는 이 놀이는, 힘 조절과 집중력 향상에 효과적이다. 아이가 처음에는 물을 흘릴 수 있지만, 서서히 손의 힘을 조절해서 적당한 속도로 움직이는 법을 스스로 터득하게 된다. 교실에서는 2명씩 짝을 지어 협동하도록 구성할 수도 있다. 이 과정에서 아이는 타인과의 상호작용도 경험하고, '기다림'과 '양보'라는 감정 조절 능력까지 배우게 된다.

이처럼 교실에서의 신체놀이는 단순히 몸을 움직이는 시간이 아니라, 마음과 뇌의 성장까지 이끄는 종합적 교육이다. 놀이를 통해 아이는 실수도 하고, 성공도 하며, 점점 '할 수 있다'라는 마음을 키워간다. 아이가 주체가 되어 움직이는 수업은 결국, 교실을 가장 생생한 배움의 현장으로 바꾼다. 가정에서도 이렇게 생생한 경험을 느껴보기를 바란다.

심리학자 장 피아제는 놀이를 통해 아이가 세상을 '조작'하며 인지적 구조를 만들어간다고 말했다. 아이의 손과 발, 눈과 귀가 함께 작동하는 신체놀이는 단순한 운동을 넘어 감각·운동 발달의 핵심이다. 특히 유아기에 이런 신체놀이를 통해 길러진 협응력과 조절력은 뇌의 전두엽과 소뇌를 자극함으로써 자기 통제력과 주의 집중력을 향상시키는 데 중요한 역할을 한다는 학자들의 이론도 이를 뒷받침한다.

아이에게 움직임의 축제인 신체놀이는 곧 아이의 삶을 조율하는 연습장이다. 그것은 자신을 조절하고, 실패를 견디며, 반복 속에서 정교해지는 '삶의 축소판'이다. 아이들에게 협응력과 조절력을 키우는 놀이를 풍성하게 제공할수록 아이의 뇌는 더 균형 있게 자라고, 마음은 더 단단해진다. 그런 의미에서 놀이란 아이에게 주어진 가장 큰 축복이다.

사고력과 창의력이 자라는
퍼즐놀이

아침에 눈을 뜨는 순간, 우리의 머릿속에는 수많은 생각들이 구름처럼 피어오른다. 그 생각들은 아직 형태 없는 퍼즐 조각처럼 흩어져 있지만, 우리는 매일 그 조각들을 하나씩 맞춰가며 '오늘'이라는 하루를 완성해간다. 어떤 조각은 사라지고, 어떤 조각은 새롭게 더해지며, 우리의 하루는 조금씩 하나의 그림이 된다. 그렇게 사고는 행동이 되고, 생각은 삶이 된다. 퍼즐을 맞추는 아이처럼, 우리도 매일 생각의 조각을 맞춰가며 살아가는 것은 아닐까.

퍼즐을 맞추는 아이의 모습은 그 자체로 하나의 이야기다. 작은 조각을 손에 쥐고, 어디에 두면 될지 눈을 반짝이며 고민하는 표정 속에는 수많은 사고의 흔적이 담겨 있다. 아이는 전체 그림을 떠올리고, 비슷한 색과 모양을 비교하며 반복적인 시도와 실패를 경험한다. 때로는 쉽게 포기하기도 하고, 때로는 끝까지 인내하며 완성해낸다. 이 모든 과정이 바로 '사고력'이다.

퍼즐을 맞추는 동안 아이의 눈과 손은 끊임없이 협응하고, 뇌는 공간을 시각화하는 훈련을 한다. 공간지각력, 집중력, 인내심, 비교·분석 능력 등 사고의 기반이 되는 힘이 이 속에서 자라난다. 우리가 어릴 적에는 이 퍼즐놀이가 그토록 깊은 학습이 될 수 있다는 것을 미처 알지 못했다.

퍼즐은 단순한 놀이를 넘어, 아이의 사고가 확장되는 '훈련의 장'이다. 조각 하나를 찾기 위한 과정 속에는 관찰과 추론, 비교와 판단, 해결하려는 의지가 녹아 있다. 퍼즐을 맞추는 손끝에서 아이는 단순히 움직이는 것이 아니라, 문제를 정의하고 해답을 찾아가는 '생각의 근육'을 단련시키는 것이다.

피아제는 "아이는 능동적으로 세상을 탐색하며, 스스로 인지를 조직해나간다"라고 했다. 퍼즐놀이는 그 인지 조직의 과정을 그대로 담아낸 활동이다. 아이는 단순한 조각을 통해 전체의 의미를 구성하고, 실패와 시도를 반복하며 '생각의 구조'를 만들어간다.

문제 상황을 바라보는 눈, 다양한 가능성을 떠올리는 상상력, 실패했을 때 다시 시도하는 인내심. 퍼즐놀이는 이 모든 능력을 자연스럽게 길러준다. 모양이 맞지 않는 이유를 스스로 탐색하고, 방향을 바꾸며, 전체를 다시 조망하는 그 시간은 아이의 사고력을 자극하는 깊은 학습의 순간이다.

칠교 조각을 맞추는 시간이 되자, 아이들 앞에 일곱 개의 조각이 놓였다. "일곱 개면 금방 할 수 있겠는데?"라며 자신만만한 얼굴에는 금세 웃음이 번졌다. 아이들은 "이건 백조 모양 같아!", "주전자도 있다!"라며 다양한 모양들을 보고 추론을 시작했다. 하지만 조각을 맞추기 시작하자 상황은 달라졌다.

"왜 이렇게 안 맞지?"

"이걸 여기 놓으면 다른 모양이 안 들어가."

점점 표정이 굳더니, "에이, 몰라!" 하며 자리를 뜨려는 아이도 있었다. 그때, 교사가 조용히 다가가 물었다.

"이 조각이 왜 안 맞는다고 생각해?"

아이의 눈이 다시 퍼즐로 향했다.

"음… 모양은 비슷한데, 여기에 놓으면 다른 조각이 안 들어가요."

"퍼즐을 돌려보는 건 어때?"

"그럼 뒤집어보는 것도 돼요?"

교사가 고개를 끄덕이자 아이는 조각을 돌려보고, 좌우 방향을 바꾸고, 뒤집어보며 다시 퍼즐을 시작했다.

"아! 맞았어!"

아이 둘은 마치 세상을 발견한 듯 환하게 웃었다. 그 표정 속에는 자신이 얻은 성취를 꼭 누군가에게 말하고 싶은 뿌듯함이 가득 담겨 있었다. 작은 실패가 스스로 추론하고 수정해보는 귀한 시간으로 바뀌는 순간이었다.

비고츠키는 "아이의 잠재력은 성인의 조력 안에서 최대로 발달할 수 있다"라고 했다. 교사의 짧은 질문 하나, 따뜻한 기다림 하나가 아이의 사고를 다시 움직였고, 그때 '생각의 확장'이 일어났다. 아이는 이 경험을 통해 '실패도 배움이 된다'라는 것을 마음 깊이 새겼을 것이다.

6세 아이와 함께 퍼즐을 하던 날이었다. 그림은 공룡, 퍼즐 조각은 60개. 아이에게는 도전적인 수준이었다. 처음에는 내가 옆에서 "여기는 색이 비슷하네", "이건 구석일지도 몰라"라며 도와줬지만, 몇 조각이 맞춰지자 아이가 말했다.

"엄마, 나 혼자 해볼래요."

나는 조용히 한 걸음 물러났다. 아이의 손은 조각을 집어 들고 이리저리 돌려보다, 다시 내려놓기를 반복했다. 어느새 조용히 집중하고 있었다. 한참 후 "됐다!"라는 외침과 함께 조각 하나가 딱 맞았을 때, 아이는 반짝이는 눈으로 나를 바라보며 말했다.

"엄마, 나 혼자서도 할 수 있지?"

그날 아이는 퍼즐을 완성하지는 못했지만, 스스로 선택하고 도전하며, 생각하고 결정한 모든 과정은 완성보다 더 큰 배움이었다. 부모가 한 발 물러설 때, 아이는 스스로 사고의 길을 내기 시작한다. 그날 나는 깨달았다. 아이는 도와줄 때보다 스스로 해냈을 때 더 빛난다는 것을. 그리고 그 빛은 이미 아이 안에 있었다는 것을.

퍼즐놀이는 완성보다 과정이 더 중요한 놀이다. 맞지 않는 조각 앞에서 아이가 "왜?"라고 묻고, 방향을 바꿔가며 생각의 폭을 넓혀가는 그 시간이야말로 진짜 배움이다. 부모가 할 일은 아이 옆에서 그 작은 생각의 움직임을 기다려주고, 조용히 응원해주는 것뿐이다. 《탈무드》에는 "스스로 깨달은 지혜는 백 번 들은 말보다 더 깊이 남는다"라는 말이 있다. 누가 알려주지 않아도, 아이가 스스로 시도하고 실패하며 얻은 깨달음은 마음 깊이 오래도록 남는다. 퍼즐놀이 속 반복되는 실패와 도전의 과정에서 아이는 바로 그 '다시 일어남'을 배운다.

생각이 자라는 시간은 퍼즐 한 조각에서 시작된다. 그 조각은 경험이 되고, 지혜가 되어 아이 마음 깊은 곳에 '할 수 있다'라는 자신감과 '다시 도전할 수 있다'라는 용기를 조용히 심어준다.

심미적 상상력을
키우는 놀이

   하늘을 바라보는 아이, 나뭇잎 사이로 스며드는 빛을 따라가는 눈빛, 바람을 온몸으로 느끼며 흙내음을 맡는 작은 존재. 자연이 들려주는 소리와 빛의 반짝임을 온전히 받아들이는 그 순간, 아이의 마음속에는 조용히 상상이 일렁인다.

   어릴 적, 늦은 밤 아버지 등에 업혀 걸었던 그 길. 가로등 아래 길게 드리운 그림자는 조금 무서웠지만, 그 두려움도 결국은 내 마음이 만들어낸 상상의 동화였다는 것을 이제는 안다. 지금 아이들의 마음속에 피어오르는 상상은 어떤 색깔을 띠고 어떤 이야기가 담겨 있을까? 이 상상은 아이들의 마음을 물들여가고 있을 것이다. 바로 그 상상이 아이의 심미적 감성과 창조적 표현으로 시작된다.

   유치원 아이들과 함께 미술관에 간 날이었다. 아이들의 반응은 어른의 기대와는 달랐다. '예술적 메시지'보다 '그림 그 자체'에 반응했다.

"그냥 사람 그림이네."

"이건 돌로 만든 거네요."

그림과 조각은 아이들에게 아직 언어가 아니라, 사물이다. 하지만 그것이 결코 부족함은 아니었다. 오히려 진짜 놀이의 시작이었다.

견학을 다녀온 후, 교실에서 명화를 다시 보여줬다. 아이들은 익숙한 그림 앞에서 쉴 새 없이 이야기꽃을 피운다.

"이거 우리 미술관에서 봤어요!"

"맞아, 저기 있던 그림이잖아!"

기억이, 경험이, 이야기가 다시 살아났다. 마치 그림이 아이들의 마음에서 재구성되듯 말이다. 그날의 하이라이트는 몬드리안(Mondrian)의 '구성 A'였다. 화면 가득한 색의 네모들과 직선들. 아이들은 이 그림 앞에서 유독 많은 질문을 쏟아냈다.

"이게 진짜 그림이에요?"

"그냥 자로 줄 긋고 색칠한 것 같아요."

"선생님, 우리도 그려볼래요!"

아이들은 도화지를 펼치고 직선을 긋고 색을 칠했다. 아이들이 그은 선은 삐뚤삐뚤했고, 아이들이 그린 네모는 네모라고 부르기에는 조금 어설펐다. 그러자 한 아이가 말했다.

"우리 집 테이블보랑 비슷해요."

아이들은 '보는 행위'를 '살아 있는 경험'으로 바꾸고 있었다.

복도에 전시된 아이들의 몬드리안 그림을 본 한 아이가 말했다.

"선생님, 이거 바닥에도 만들어봐요!"

작품 감상은 여기서 끝나지 않았다. 아이디어는 곧 실행으로 이어졌다. 색 테이프로 바닥에 선을 긋고 칸을 나눴다. 바닥에 완성된 몬드리안 스타일의 선들은 아이들의 놀이 무대가 되었다. 아이들은 선 위를 따라 걸으며 평균대 놀이를 만들었다. 네모 안에 옹기종기 모여 앉아 공간을 나누고 새로운 이야기를 만들었다. 예술 작품은 더 이상 벽에 걸린 대상이 아니었다. 아이들의 손과 발, 말과 생각이 예술 속으로 들어가며 작품은 놀이가 되고, 놀이는 다시 세상이 되었다.

존 듀이는 예술을 '경험의 재구성'이라고 말했다. 그의 말처럼 아이들은 그림을 감상하며 수동적으로 받아들이지 않고, 능동적으로 재구성하고 해석했다. 그 과정에서 아이들은 자신만의 방식으로 의미를 만들어가며 예술적 상상력을 키워갔다. 또한 레지오 에밀리아 접근법*에서는 아이들을 '100개의 언어를 가진 존재'로 본다. 여기서 '언어'란 말과 글뿐만 아니라 선, 색, 몸짓, 공간, 놀이 등 자기 표현의 모든 방식을 뜻한다. 아이들이 도화지 위에서, 복도에서, 바닥에서 놀이하며 예술을 재창조한 과정은 그 100가지 언어 중 하나로 세상을 말하고 있었던 것이다.

도화지 옆에 모여 앉은 아이들이 물감을 짜기 시작했다.

"넌 무슨 그림 그리는 거야?"라고 친구가 묻자, 한 아이가 대답했다.

"나? 나 화날 때 이 색깔처럼 돼."

---

* 레지오 에밀리아 접근법은 로리스 말라구찌(Loris Malaguzzi)의 수십 년간의 연구결과로 이루어졌다. 말라구찌는 존 듀이, 마리아 몬테소리, 피아제, 비고츠키의 교육적 영향을 많이 받았다.

짙은 보라와 파란 물감이 겹쳐진 도화지에는 강렬하고 어두운 감정이 녹아든다. 또 다른 아이가 말했다.

"나는 화날 땐 빨간색이야."

"나는 노란색! 노란색은 춤추는 색깔이야."

이 순간, 아이들은 색을 통해 감정을 이야기하고 있었다. 아이들의 색과 감정의 연결고리가 손끝에서 피어나고 있었다. 아이들은 물고기를 그리고, 새를 그리며, 어느새 상어와 고래까지 등장시킨다. 누군가는 "나는 이 고래 등에 타고 싶어"라며 고래에 자기 감정을 담는다. 그림은 말이 되고, 말은 이야기가 되었다.

한 아이는 세 장의 종이를 연결해서 우주로 날아가는 우주선을 만들고, 우주선 냉장고를 만든다. 그리고 옷장도 만들었다. 그림을 그리면서 말을 더하고, 종이를 오리며, 장면을 바꾸는 과정 자체가 아이의 생각을 확장시키고 감정을 정리하게 만든다. 심미적 상상력은 여기에서 자라난다. 색의 조화, 공간의 배치, 형태의 다양성을 탐색하는 과정 속에서 아이는 '아름다움이란 무엇일까'를 스스로 느끼고, 만들어가며, 표현한다.

이때 어른이 할 일은 그 의미를 해석하거나 결과를 평가하는 것이 아니다. 아이의 이야기를 들으며 감탄하고, 그 세계에 귀 기울여주는 것이다. 그림을 완성하고 나서 아이가 한 말이 기억난다.

"선생님, 이건 나만 아는 이야기니까, 아무한테도 말하면 안 돼요."

그 순간, 나는 아이가 얼마나 깊이 상상했고, 또 그 세계를 소중히 여기는지를 느낄 수 있었다.

하얀 도화지를 펼쳐놓고 아무 색이나 골라 마음 가는 대로 그려보게 하면, 처음엔 막막해하던 아이들도 곧 자신만의 세계를 펼치기 시작한다. 색을 고르며 기분을 표현하고, 그 안에 등장인물을 만들며 장면을 구성한다. 어떤 아이는 빨간 목소리, 파란 바다 소리, 초록 웃음소리를 상상하기도 했다. 그림은 더 이상 미술 활동이 아니었다. 그것은 마음의 동화였다. 작은 손끝에서 태어난 색들은 아이의 감정이고, 기억이며, 상상이다. 종이 위에서 마음을 살아보는 시간, 그 시간이 바로 아이의 심미적 상상력이 자라는 순간이다.

이렇게 감정을 색으로 그리고, 친구와 나누는 그 순간, 하워드 가드너(Howard Gardner)가 말한 다양한 지능이 함께 피어난다. 감성지능, 시각지능, 언어지능이 고루 어우러진 한 편의 놀이인 셈이다. 색으로 감정을 표현하고, 그것을 친구와 대화하며 공유하는 과정은 단순한 놀이가 아니라 '감정적 공감'과 '자기 표현력'의 통합적 성장이다. 색으로 시작된 놀이는 마음의 성장을 물들이는 또 하나의 언어였다.

심미적 상상력은 아이의 마음에서 시작된다. 마음은 색이 되고, 색은 선이 되며, 선은 이야기로 자라난다. 어른이 주목해야 할 것은 결과물이 아니라, 그 과정에서 흘러나오는 아이의 마음이다. 그림을 얼마나 잘 그렸는지보다 중요한 것은 그리는 그 순간, 아이의 마음이 어떻게 흘렀는지다. 무엇을 어떻게 그려야 할지 고민하기보다 자신을 표현할 줄 아는 힘을 가진 아이는 세상을 자기만의 눈으로 감상하고, 질문하며, 창조할 줄 아는 사람으로 자란다. 그 힘은 어릴 적, 조용히 펼쳐진 마음에서 싹튼다. 아름다움을 느끼는 마음도, 그 마음을 믿는 힘에서 시작된다.

협업 능력을 높여주는
전래놀이

흙먼지를 날리며 뛰놀던 골목길, 깔깔대는 웃음소리로 가득했던 마당 한복판. 누군가의 외침에 모두가 멈추고 숨을 죽이던 순간들. 그곳에는 '놀이'가 있었고, '함께'가 있었다. 지금 우리의 아이들은 어떤 풍경 속에서 놀고 있을까?

전래놀이는 단순한 옛날 놀이가 아니다. 몸을 부딪히고, 규칙을 익히며, 때로는 졌다가 다시 도전하며 배우는 삶의 축소판이자, 공동체 속에서 자라나는 아이들에게 꼭 필요한 감각과 태도를 길러주는 지혜로운 놀이다. 그리고 무엇보다, 전래놀이는 세대와 세대를 이어주는 다리이기도 하다. 부모가 알고, 아이가 배우면서 함께 웃으며 놀 수 있는 '시간을 건너는 놀이'이기도 하다.

가령, 골목 어귀에 줄 하나만 걸려 있어도 아이들은 금세 모였다.

가느다란 고무줄을 두 다리로 번갈아 넘고, 박자를 맞추며 노래를 부르던 아이들. 누구는 줄에 걸려도 웃고, 누구는 고무줄을 끊어버리기도 했지만, 친구들은 놀이를 이어갔다. 규칙은 그때그때 생겼고, 질서와 배려는 놀이 속에서 자연스레 익혀졌다. 그렇게 우리는 고무줄, 줄넘기를 하며 함께 자랐다.

지금의 아이들도 줄을 넘는다. 체육 시간에, 방과 후 교실에서, 아파트 놀이터 한쪽에서. 다만 달라진 점이 있다면, 놀이보다는 운동이 되었고, 경쟁보다는 기록을 위한 활동이 되었다는 것이다. 함께 웃기보다는, 각자 목표를 향해 점프하는 아이들의 모습 속에서 전래놀이의 '함께함'은 점점 희미해지고 있다. 그렇기에 지금, 우리는 다시 아이들 손에 '놀이로서의 줄넘기'를 쥐어줘야 한다. 경쟁이 아닌 웃음으로, 기록이 아닌 어울림으로 줄을 넘는 그 경험이야말로, 아이들이 자라나는 데 꼭 필요한 힘이 되지 않을까.

아이들과 줄넘기 놀이가 시작되었다. 하루에 수십 번 연습하지만 잘 넘지 못하는 아이들은 속상함을 감추지 못한다. 같은 또래지만 운동 협응력이 좋은 아이들은 며칠만 연습해도 금방 줄을 넘기도 한다. 연습하는 모습은 각기 달라도 아이들의 표정만큼은 모두 진지하다.

어느 날, 줄을 한 번도 넘지 못하던 아이가 드디어 줄을 넘었다. "줄넘기야 고마워. 난 한 번도 넘지 못했는데, 너 덕분에 넘을 수 있었어" 이 말에 교사는 울컥했다. 아이는 이후 스스로 더 연습했고, 긍정의 힘은 줄을 넘는 횟수만큼 자라났다.

그날 이후 줄넘기 줄 앞에는 또 다른 변화가 일어나기 시작했다. 누군가가 실패하면 아이들이 먼저 다가가 "한 번 더 해보자"라며 손을 내밀었고, 잘 넘는 아이는 친구의 손을 잡아주며 박자에 맞춰 뛰는 법을 알려주었다. 그저 놀던 사이였던 아이들이 어느새 서로의 가능성을 믿고 이끌어주는 '팀'이 되어 있었다.

줄넘기는 줄 하나만으로도 놀 수 있는 놀이였지만, 그 안에는 규칙을 지키는 태도, 서로를 기다려주는 마음, 함께 기뻐하고 아파하는 공감이 자연스럽게 녹아 있었다. 아이들은 그것을 배우려고 애쓴 적이 없는데도 놀이 속에서 몸으로 익히고 마음으로 체득해나갔다.

줄넘기는 점점 더 다양해졌다. 혼자 넘던 줄을 이제는 둘이 마주 보며 넘기도 하고, 줄 하나를 여러 명이 함께 넘는 단체 줄넘기로도 이어졌다. 줄이 돌 때마다 "하나, 둘, 셋!" 소리에 맞춰 온몸을 움츠렸다가 동시에 뛰어오르는 아이들. 누군가 먼저 들어가고, 다음 아이가 박자를 맞춰 뛰어 들어오는 그 순간, 아이들 사이에는 말없이도 통하는 호흡과 신뢰가 생겼다. 〈꼬마야, 꼬마야〉 노래에 맞추어 땅을 짚고 넘는 놀이로까지 이어지자 줄넘기는 더 이상 단순한 기술이 아닌, 몸 전체를 사용하는 놀이가 되었다. 줄 앞에서 손바닥을 짚고, 두 발을 모아 한껏 뛰어 오르는 순간 아이들은 한계를 뛰어넘고 있었다. 한 팀이 성공하면 "우리도 할 수 있어!"라는 외침이 이어졌고, 실패한 친구에게는 자연스레 "괜찮아, 다음엔 될 거야"라는 말이 따라붙었다.

이런 줄넘기 놀이 사이사이에는 딱지치기도 함께 이어졌다. 아이들은 딱지를 접으며 손끝의 섬세함과 집중력을 키웠고, 딱지를 힘껏 쳐 상대 딱지를 뒤집으려는 순간에는 전략적 사고와 승부 근성이 발달했다. 딱지 한 장에 담긴 경쟁과 협력 속에서 친구들과 서로 응원하고, 이겼을 때는 환호하며 함께 기뻐했다. 졌을 때는 "다음엔 꼭 이기자"라며 다시 도전할 용기를 얻었다.

딱지치기는 혼자서 하는 놀이가 아니다. 상대가 있어야 하고, 상대의 딱지를 바라보며 전략을 세워야 한다. '내 딱지를 어떻게 치면 상대 딱지를 뒤집을 수 있을까?' 하고 고민하는 순간, 아이들은 자연스레 관찰력과 문제 해결 능력을 키운다. 그리고 무엇보다, 상대방의 기분을 살피고, 공정한 승부를 위해 규칙을 존중하는 법을 배운다. 한쪽에서 딱지가 뒤집히면, 서로 환호하고 웃음이 터진다. 이 작은 승리와 패배의 반복 속에서 아이들은 감정을 조절하는 법을 익히고, 친구와의 관계에서 갈등과 화해를 경험한다. "이번에는 네가 잘했어", "다음에는 내가 꼭 이길 거야"라는 말 속에는 경쟁심과 더불어 상대를 인정하는 따뜻한 마음이 깃든다.

함께 딱지를 접고, 돌리고, 치면서 아이들은 자연스럽게 협업하는 법도 배운다. 때로는 팀을 만들어 상대와 겨루기도 하고, 딱지 만드는 방법을 서로 가르쳐주며 기술을 나눈다. 그 과정에서 신뢰와 소통의 경험이 쌓이고, 친구들과 더 깊은 유대감을 형성한다. 이처럼 딱지치기는 단순한 놀이 이상의 가치가 있다. 아이들의 정서 발달에 긍정적인 영향을 주고, 사회성을 키우는 토양이 된다. 자신의 감정을 표현하고, 상대의 마음을 이해하며, 공동체 안에서 더불어 살아가는 방법을 배우는 것이다.

줄넘기와 딱지치기 모두 '함께'가 있어야 완성되는 놀이다. 혼자서는 즐길 수 없기에 아이들은 서로의 존재를 인식하고, 협력의 중요성을 몸으로 체득한다. 친구가 어려워할 때는 도와주고, 성공할 때는 함께 기뻐하며, 감정을 나누는 과정을 자연스럽게 경험한다.

이런 놀이 경험은 아이들의 정서 발달에 큰 힘이 된다. 속상함과 기쁨, 좌절과 성취를 놀이 안에서 느끼며 감정을 건강하게 표현하고 조절하는 법을 익힌다. 더불어, 친구들과의 관계 속에서 갈등을 해결하고 협동하는 사회성을 키운다. 이 모든 과정이 아이들이 공동체 속에서 자신을 발견하고 성장하는 밑거름이 된다.

이 모든 과정이 겉으로는 단순한 놀이 같지만, 그러나 그 안에는 협력과 배려, 도전과 성취, 그리고 무엇보다 '함께하는 기쁨'이 고스란히 담겨 있었다. 전래놀이에는 '함께해야 가능한 놀이'가 많다. 혼자서는 시작할 수 없고, 함께여야 더 재미있다. 이 과정에서 아이들은 자연스럽게 사회적 기술을 익힌다. 친구와의 상호작용 속에서 생기는 갈등을 해결하고, 협력하며 성취를 맛보는 경험은 또래 관계를 넓고 깊게 만든다.

놀이는 그냥 놀이가 아니다. 전래놀이는 아이들이 자라며 반드시 겪어야 할, 중요한 정서적·사회적 성장의 무대다. 함께 웃고 뛰놀며 자란 아이들은, 누군가를 기다려줄 줄 알고, 자신의 실패에 울기보다 다시 도전할 줄 아는 사람으로 자라난다. 전래놀이는 그렇게 아이들의 마음과 마음을 연결해주고, 어른과 아이를, 옛날과 현재를, 그리고 미래를 이어주는 살아 있는 문화가 된다.

1
나는
건축가예요

　교실 안 아이들 소리는 어떤 오케스트라 연주보다 더 생동감이 있고, 감정이 있으며, 행복이 가득하다. 여기저기서 아이들의 "여기 봐 봐", "같이 하자", "나도 해줘"라는 소리가 들려온다. 그 소리에 개의치 않은 아이들은 책을 보거나, 친구들의 활동을 지켜보며 같은 감동을 만끽하기도 한다. 교실에서는 놀잇감이 움직이고, 그 놀잇감을 움직이는 것은 바로 아이들의 손과 마음이다.

　아이들은 매일 유치원이라는 공간에서 만나지만, 하루하루의 이야기는 언제나 새롭다. 이제의 이야기가 오늘과 똑같은 이야기가 되지 않는다. 같은 놀이 줄기에서 시작되지만, 그 줄기는 늘 다른 방향으로 나간다. 어제는 블록으로 길을 만들던 아이들이, 오늘은 터널을 만들고, 다리를 만들자는 의견을 내기도 한다. 오늘 '다리'라는 새로운 도전이 시작되자, 나무블록, 레고블록, 자석블록으로 놀이하던 아이들까지 손을 멈추고, 다리를 만들기 위한 상상과 계획에 빠져들었다.

이 순간, 아이들은 그저 놀이를 하는 것이 아니라, 서로의 아이디어를 공유하고, 공동의 목표를 향해 나아가는 경험을 하고 있었다.

"일단 한번 만들어보자!"

A팀 아이들이 외쳤다.

"밑에 다리부터 만들자."

또 다른 B팀이 블록을 모으기 시작했다. 하지만 금세 여기저기서 갈등이 일어났다.

"색이 여러 가지라서 헷갈려!"

한 아이가 말했다.

"블록이 고정이 되지 않고 쓰러져!"

아이들이 말한다.

"어떻게 만들지 이야기해보자!"

"그래, 맞아. 다시 그림을 그려보자. 우리가 만들 다리를 말이야. 그런데 그게 뭐였지?"

아이는 답답해하며 주위를 살핀다. 그때 교사가 "설계도일까?"라고 하자 아이들은 박수치며 환호한다.

"맞아요. 설계도예요."

"아빠가 그리는 것 봤어요."

그렇게 아이들의 작업은 시작되었다. 아이들의 놀이에서 시작된 작은 아이디어는 순식간에 교실을 변화시켰다. 아이들의 생각이 모이고, 그들의 손끝에서 아이디어가 실현되며, 교실은 생동감 넘치는 작업 공간으로 변해갔다. 다리를 만드는 활동은 단순히 무언가를 만드는 것 이상의 의미를 갖기 시작했다. 그것은 아이들 스스로 계획하고 협력하며 문제를 해결해가는 경험의 장이 된 것이다.

아이들은 각자의 역할을 나눴다. 설계도를 그릴 아이에게 필요한 부분들을 말하기 시작했고, 아이들의 대화 속에서는 의견의 충돌과 섭섭함이 있었지만, 다리 만들기에 대한 열정으로 감정은 서서히 정리되었다. 이 모습은 어른들의 눈에는 사소하고 유치해 보일 수 있지만, 그 속에는 중요한 의미가 숨어 있다. '선택'과 '조율'이라는 그 무엇보다 소중한 배움이 담겨 있었기 때문이다.

유아기의 아이들은 아직 자신의 감정과 의견이 세상의 중심이라 믿고, 다른 사람의 생각을 받아들이는 것이 쉽지 않다. 하지만 아이들은 자신들이 겪는 갈등을 극복하며, 다시 설계도를 그리고 재료를 바꾸는 선택을 했다. 그 과정에서 아이들은 하나의 목표를 향해 나아가는 법을 배우고 있었다. 옆에서 지켜보던 아이들은 그들의 진행 상황을 궁금한 표정으로 바라봤다.

"다리가 길어야 할 것 같아."

"아니, 다리가 길어지면 중간에 기둥도 세워야 해!"

아이들 사이에서 다양한 의견들이 오갔고, 한 아이는 아빠와 차를 타고 지나가며 본 기둥을 떠올렸다. 설계도를 그리는 아이에게는 더 많은 요구가 쏟아졌다. 그리고 그들을 지켜보던 나 또한 숨을 죽이며 그 진지한 모습을 바라봤다. 그들의 요구에 응답할 준비를 하며, 이 순간이 아이들에게 얼마나 중요한 학습의 기회가 되고 있는지를 느끼면서 말이다. 아이들이 만들어가는 다리는 단순한 블록을 넘어, 협력과 조율, 그리고 소통을 배우는 진정한 경험의 다리였다.

이렇게 그려진 설계도를 보며 아이들은 첫 번째 다리를 만들기 시작했다. 하지만 어찌 된 일일까? 다리를 세우자마자 툭, 하고 넘어진 것이다.

"왜 자꾸 넘어지지?"

아이들은 서로 얼굴을 마주 보았다. '왜 그럴까?' 스스로에게 질문하기 시작했다. 그리고 다시 생각했다.

"아~ 다리를 더 굵게 만들어보자!"

A팀은 밑에 더 굵은 동그란 나무 블록을 사용했다. B팀은 네모 블록을 하나씩 쌓던 방식에서 네 개씩 묶어 더 튼튼하게 쌓기 시작했다. 이 과정에서 아이들에게 문제 인식, 대안 탐색, 문제 해결 및 실행이라는 인지과정이 일어났다. 아이들은 누구의 지시도 없이, 오롯이 실패를 통해 배우고, 협력 속에서 문제를 해결해갔다.

조금씩, 조금씩 다리가 완성되어갔다.

"다리를 올라가려면 계단이 필요해. 사람이 오르는 계단 말이야."

한 아이의 의견에 아이들이 함께 소리를 지른다.

"맞아! 사람들이 오르는 계단 말이지."

그렇게 계단을 만들던 아이들은 또 잠시 손을 멈췄다. 교사의 조언보다 중요한 것은 아이가 '스스로 바꾸어보는 경험'을 하는 것이다. 자신이 택한 해결 방식이 효과를 발휘할 때, 아이의 자존감은 성장한다.

"커브 길이 없으면 계단이 너무 높아. 그러면 위험할 수 있어!"

계단을 만들던 아이들은 여러 번 실패를 거듭한 후 세모가 필요하다고 말했다. 그리고 마침내 다리를 완성했다.

"우와! 됐다! 됐다!"

"진짜 멋지다."

"우리는 커브 길도 만들었다!"

어느새 다리 위에는 탑도 생기고, 손잡이도 생겼다. "다리는 튼튼해야 넘어지지 않아. 좀 더 굵게 만들어야 해"라고 말하는 아이의 말 속에는 학습된 지식이 아니라 체득된 경험이 담겨 있었다. 아이들은 자신들이 만든 다리를 보며 함박웃음을 지었다.

"이 다리 이름은 무엇이라고 할까?"

아이들 표정은 사뭇 진지하게 변했다. 그때 한 아이가 말했다.

"우리 칠월 칠석, 견우와 직녀 이야기 선생님에게 들었잖아. 견우와 직녀가 만나는 다리 '오작교' 어때?"

이때만큼은 아이들의 다른 반론이 없었다. '오작교'라는 다리 이름에 아이들은 동의했다.

아이들이 만든 '오작교'는 단순한 놀이에서 비롯된 결과물이 아니다. 암묵지식을 통해 실제로 다리를 튼튼하게 만드는 법을 경험하고, 배경지식을 통해 그 다리의 이름에 담긴 문화적 의미를 인식하며, 두 지식을 연결하고 확장시켰다. 이 과정에서 아이들은 블록놀이를 통해 스스로 답을 찾는 방법을 배우는 것을 넘어, 문화적 상징과 암묵지식을 동시에 이해하며, 보다 풍성하고 깊이 있는 학습을 경험한 것이다. 그리고 그 안에는 아이들이 쌓아 올린 '내면의 힘'이 담겨 있다. 주도적으로 도전하고, 실패 속에서 해답을 찾으며, 함께 어우러져 결과를 만들어낸 과정이다. 아이들은 매일매일 그렇게 자기 삶의 주인이 되는 연습을 하고 있었다.

나는
자연 탐구가예요

아이들의 세상은 언제나 '호기심 천국'이다. 현실 속에서도 생각 속에서도, 아이들은 끊임없이 질문하고 탐색한다. 호기심은 날씨와 관계없이 아이들을 빛나게 하는 순간이다. 세상을 탐색하는 아이들의 눈에는 모든 것이 새롭고 특별하게 다가온다. 길가에 핀 작은 꽃 한 송이, 날아가는 나비 한 마리, 바람에 흔들리는 나뭇잎 하나까지, 아이들에게는 모두가 궁금증의 대상이자 탐색의 출발점이다. 아이들의 눈은 마치 작은 현미경처럼 세상을 세밀하게 들여다보고, 그 속에서 신비한 세상을 발견한다. 사물 하나하나가 아이 마음속으로 들어와 이야기를 시작한다. 자연은 그렇게 아이들의 배움과 성장을 이끄는 가장 친근한 백과사전이 된다.

3월 중순, 여전히 찬바람이 봄을 밀어내던 어느 날, 아이들과 함께 교실 밖으로 나섰다. 자연은 이미 봄을 향해 조용히 걸음을 옮기고 있었고, 우리는 그 속에서 아주 작은 생명, 개미를 만나고자 했다. 아이들은 정원 한가득 흩어져 "개미야, 어딨니?"라고 외치며 바닥을 살피고, 구멍이란 구멍마다 개미집이라고 단정지으며 상상의 나래를 펼쳤다.

"개미가 없잖아…."

"이사 갔나 봐요."

한 친구가 나뭇가지로 바닥을 슬쩍 파기 시작하자, 작은 개미 한 마리가 모습을 드러냈다. 아이들의 눈은 반짝였고, 환호성이 터졌다. 그렇게 어렵게 발견한 개미는 교실 안으로 들어왔지만, 낯선 환경에 적응하지 못하고 금세 움직임을 멈추고 말았다. 그때 깨달았다. 단지 '보는 것'이 아니라 개미의 삶을 존중하며 관찰할 수 있는 환경이 필요하다는 사실을. 우리는 곧 관찰할 수 있는 개미 하우스를 교실에 들이기로 했다. 개미 하우스 속 투명한 젤과 개미의 움직임은 또 다른 세계를 여는 창이 되었다. 아이들은 질문을 쏟아냈다.

"이거 젤리 아니에요?"

"개미가 싸우는 것 같아요!"

"아니야, 냄새 맡는 거야. 페로몬!"

돋보기를 들여다보며 눈앞에서 움직이는 개미들을 관찰하는 아이들의 시선은 진지했고, 점차 과학자의 태도를 닮아갔다. 어떤 날은 개미가 거의 움직이지 않았다. 아이들은 그 이유를 묻고 또 추측했다. "햇빛이 없어서 그런 것 아냐?", "왕개미는 빨리 달리는 거야!", "창가에 있었을 때는 움직였어!"라고 이야기했다. 우리는 개미 하우스를 창가로 옮겼고, 아이들은 자신들의 관찰이 현실로 이어지는 순간을 직접 확인했다.

며칠이 지나고 개미들이 드디어 젤을 파기 시작하자, 아이들의 환호가 교실을 가득 메웠다.

"어, 어! 팠다, 팠어!"

"우와, 바글바글 모였어!"

"집을 짓는다!"

아이들의 눈에는 개미 하우스 속 터널이 단순한 통로가 아니었다. 어떤 아이는 '꼬불꼬불한 집'이라고 했고, 또 어떤 아이는 "아파트 같아!", "냉장고 같아!"라며 자신만의 방식으로 개미집을 해석했다.

죽은 개미를 보면서도 다양한 관점의 이야기가 나왔다.

"너무 더워서 죽은 것 아냐?"

"일을 너무 많이 해서 그럴걸?"

"아니다, 뼈가 부러졌을 수도 있어."

이런 상상은 그저 허황된 말이 아니었다. 아이들은 생명에 대해 스스로 질문하고, 그 삶의 무게를 고민하고 있었던 것이다. 그러던 어느 날, 아이들은 "우리가 개미를 위한 집, 창문, 침대, 베개를 만들어보자!"라고 제안하고 필요한 재료들을 나열하기 시작했다. '나뭇가지, 박스, 풀 등' 그렇게 현실 개미집 만들기가 시작되었다.

아이들은 자연스럽게 몇 명씩 그룹을 지었고, 놀랍게도 다툼 없이 서로의 역할을 나누며 협력했다. 각 그룹은 자신만의 세계를 담아낸 개미집을 완성해갔다. '개미 축구장'을 만들겠다는 그룹도 있었고, '개미 공주님 집'을 만든 그룹도 있었다. 그 안에는 놀이, 상상, 협력, 표현, 그리고 배움이 있었다. 개미집이 완성되자 아이들은 말했다.

"선생님, 진짜 개미가 올까요?"

"개미가 여기서 놀 것 같은데!"

우리는 아이들이 만든 개미집을 정원에 설치했다. 그리고 그 작은 생명을 다시 한번 아이들의 창작물 속으로 초대했다. 아이들은 매일 정원으로 나가 개미가 찾아오기를 기다렸다. 하지만 기대와 달리 개미들의 모습은 찾아보기 어려웠다.

"선생님, 개미는 우리가 만든 집이 싫은가 봐요."

"개미는 자기들이 만든 집이 좋은가 봐요."

아이들은 기대와 달리 찾지 않는 개미집을 보며 아쉬워했다. 하지만 그 아쉬움은 곧 또 다른 호기심으로 이어졌다.

어느 날 산책길, 아이들의 눈에 민들레가 들어왔다. 그리고 또다시 질문이 시작되었다.

"민들레는 노란색만 있나?"

"민들레는 왜 바닥에 붙어서 꽃을 피우지?"

아이들의 질문은 상대에게도, 스스로에게도 향했다. 옆에 있던 아이들이 말한다.

"날씨가 너무 추워서 바닥에 붙어 피는 것은 아닐까?"

듣고 있던 아이들은 "맞아, 맞아. 그런 것 같아"라고 맞장구친다. "하얀색 민들레도 봤어!", "그러면 왜 노란색만 자주 보일까?"라며 끝없이 이어지는 대화 속에서 아이들은 서로의 생각을 듣고, 자신의 생각을 더하며, 의사소통을 배워간다. 궁금증은 또 다른 궁금증으로 이어지고, 그렇게 아이들은 함께 질문하고 답을 찾아가는 여정을 시작한다.

"나는 민들레를 보면 사자가 떠올라요. 사자 머리랑 비슷해요."

"나는 자동차 바퀴요! 동그랗게 생겨서요."

"나는 구름이요. 민들레 씨앗을 불었는데 구름 같았어요."

아이들의 말 한마디, 한마디에서 민들레가 얼마나 많은 상상의 씨앗이 되는지 알 수 있었다. 이렇게 자연스레 민들레 씨앗에 대한 관심도 커졌고, 곧 '내가 민들레 씨앗이 된다면?'이라는 상상 활동으로 이어졌다.

"구름 위에 올라가서 구름빵도 먹고, 새도 볼 거예요."

"나는 다시 민들레가 될 거야. 예쁜 민들레!"

"휙 날아가서 친구 씨앗을 만날 거예요!"

아이들은 마치 민들레 씨앗이 된 듯한 표정으로 자유롭게 상상하며 이야기했다. 상상 속 민들레 씨앗은 하늘을 날아 세상 구석구석을 누비고, 다시 꽃이 되어 피어나기도 했다. 이 과정은 아이들에게 자연과 나를 연결하는 특별한 경험이 되었다.

"민들레는 꽃잎이 진짜 많아요. 몇 개일까요?"

"민들레잎은 왜 저렇게 뾰족뾰족해요? 이상해요."

아이들의 호기심은 끝이 없었다. 질문은 곧 탐구의 시작이 되었고, 우리는 그림책을 펼치고, 도감을 살피며 민들레를 자세히 들여다봤다. 실물 민들레를 관찰하면서 알게 된 사실도 많았다. 아이들은 마침내 자신들만의 결론을 내리기 시작했다.

"민들레는 꽃잎이 많은 게 아니라, 백 개가 넘는 작은 꽃들이 모인 거래요!"

"키가 작은 이유는 나비랑 개미랑 같이 놀기 위해서래요!"

"개미는 민들레 씨앗을 옮겨주는 착한 친구래요!"

"잎이 뾰족한 건 스스로를 보호하려고 그런 거래요!"

아이들은 자신들이 알아낸 사실을 이야기하며 얼마나 뿌듯해했는지 모른다. 민들레에 담긴 생명의 원리와 지혜를 온몸으로 느끼는 순간이었다.

개미, 민들레에 대해 쏟아졌던 수많은 질문들처럼, 아이들의 탐구는 단순히 지식을 아는 것을 넘어서 자연과 관계를 맺고, 삶과 연결 짓는 살아 있는 교육의 시간이 되었다. 아이들은 그 작은 개미와 민들레 속에서 더 넓은 세상을 봤고, 나는 그 아이들의 시선 속에서 '교육'이라는 이름의 진짜 의미를 다시 배우게 되었다. 아이들은 오늘도 여전히 묻는다.

"선생님, 다음에는 어떤 프로젝트 해요?"

나는 그 질문이 참 좋다.

나는
요리사예요

    11월, 조약돌처럼 작은 손에 씨앗들이 감춰져 있다. 아이들은 손에 든 씨앗이 혹여 사라질까 봐 움켜쥔 손에 힘을 잔뜩 준다. 바람이 친구하자고 찾아와도 아이들은 개의치 않는 표정이다. 드디어 땅 위로 씨앗이 흩어진다. 아이들의 표정에는 신기함과 더불어 걱정스러움도 묻어 있다.

    아이들과 함께 심은 씨앗은 겨울의 문턱에서 초록빛 싹을 틔웠다. 아이들은 아침마다 올레길로 달려가 밀의 성장을 살폈다. 어릴 적 할머니 손에 이끌려 밀밭과 보리밭을 다니며 발로 '꾹꾹' 밟았던 기억이 떠오른다. "싹 밟으면 안 돼!"라는 말을 듣다가, 어느 날 "밟아도 돼"라는 말을 들었을 때는 더 힘을 주어 밟았던 그 순간도 생생하다. 아직도 발바닥에 느껴졌던 포슬포슬한 흙의 감촉이 기억 속에 남아 있다.

아이들은 작은 변화도 놓치지 않는다. "선생님, 어제보다 키가 더 컸어요!", "잎에 물방울이 맺혔어요!"라며 발견할 때마다 눈이 반짝인다. 잡초를 뽑고, 물을 주며, 아이들은 점점 정성스러운 '꼬마 농부'가 되어갔다.

봄이 무르익을 무렵 올레길의 밀은 더 짙은 초록색으로 물들었다. 아이들은 잎을 만져보고, 밀의 생김새를 관찰하며, 냄새도 맡아보고 흙바닥에 철퍼덕 앉아서 밀을 그려보기도 했다. 밀과 보리를 관찰하며 이삭, 줄기, 잎, 뿌리로 구분되어 있음도 발견한다. 삐죽삐죽 솟아나온 밀 수염을 보며 아이들은 "따끔따끔, 까칠까칠해! 할아버지, 아빠 수염 같다"라고 하며 밀 수염을 할아버지, 아빠의 수염으로 비유했다.

"애들아, 오늘은 밀사리를 할거야"라고 하자 "밀사리가 뭐예요?"라는 질문이 쏟아지기 시작했고, 나는 웃으며 대답했다.

"옛날에는 밀을 수확하기 전에 풋밀을 따서 불에 구워 먹곤 했단다. 그걸 밀사리라고 했지."

밀을 수확하기에는 아직 이른 풋밀이었지만, 아이들의 눈빛은 궁금함으로 가득했다.

"이거… 먹을 수 있어요?"

아이들과 나는 아직 푸른 밀을 조심스럽게 꺾어 불 위에 올렸다. 바삭바삭 소리를 내며 구워지는 풋밀에서 고소한 향이 퍼졌다. 아이들은 호기심 가득한 얼굴로 풋밀을 씹었고, 예상 밖의 맛에 웃음이 터졌다.

"선생님, 옥수수 맛이 나요!"

"쫀득쫀득해요."

"고소해요!"

그날, 아이들은 농부가 아닌 탐험가이자 요리사였다. 정해진 수확이 아닌, 지금 눈앞에 있는 자연을 오감으로 받아들이며 맛보고, 느끼고, 나누는 아이들의 모습은 그 어떤 수업보다도 깊은 배움이었다.

며칠 후, 밀이 완전히 익었다. 우리는 밀이 내는 마지막 소리를 듣듯 조심스럽게 밀을 베는 과정을 지켜봤고, 손으로도 꺾어봤다. 그리고 손으로 타닥타닥 두드리며 밀알을 털어냈다. 아이들은 신이 났다. 여기저기 웃음이 터져 나왔다. 도깨비 방망이 흉내를 내어보기도 하면서.

"정말, 밀가루가 된다는 거야?"

껍질 속에 숨겨진 속살을 알 수 없다는 표정으로 호기심과 기대감으로 아이들의 추수가 마무리되었다. 밀은 정미소로 옮겨졌다. 그리고 드디어 기다리고 기다리던 요리 시간이 되었다. 아이들은 손에 가루를 묻히며 "이게 빵과 수제비가 된다고요?" 하고 되물었다.

"손톱에 자꾸 들어가."

"폭신폭신한 솜 같다."

밀가루에 물을 붓고 조물조물 수제비 반죽을 만들었다. 아이들의 작은 손이 반죽을 떼어내 접시에 담았다. 아이들마다 만들고 싶은 모양으로 수제비를 빚었다.

"엄마, 조리사 선생님이 만든 것보다 크게 되었어."

"손에 자꾸 붙어, 껌처럼."

아이들이 만든 밀가루 반죽은 국물에 넣어 수제비라는 간식이 되었다. 기대하는 눈빛, 기대되는 맛, 아이들은 자기가 만든 수제비를 찾는 표정이다. 그날의 수제비 간식은 단순한 음식이 아니라 아이들이 직접 심고, 지켜보고, 맛보며 완성해낸 시간의 간식이었다.

또 다른 날, 우리는 쿠키를 만들었다. 밀가루에 버터와 설탕, 계란을 넣고 반죽을 만들며, 아이들은 자신이 직접 만든 재료가 어떻게 변하는지를 몸으로 느꼈다. 손으로 눌러 만든 동그란 쿠키, 별 모양 쿠키, 이름을 새긴 쿠키까지. 하나하나가 아이들의 이야기가 담긴 작은 작품이었다.

"선생님, 이건 우리 밀 쿠키예요!"

"선생님, 쿠키 냄새가 최고예요!"

교실 밖까지 풍기는 쿠키 냄새로 동생반 아이들은 신기하듯 교실로 모여들었다.

"처음 심을 땐 몰랐는데 이게 진짜 밀가루가 되다니! 수제비도 만들고 쿠키도 만들 수 있어서 신기해요!"

아이들은 맛있다고 말하기 전에, 의미를 먼저 느꼈다. 그것이 이 경험의 진짜 맛이었다. 아이들은 처음에 그 씨앗이 무엇이 될지 알지 못했다. 손에 쥔 씨앗 하나에 온 마음을 담고, 바람과 햇살을 함께 기다리며, 어느 날 풋밀을 맛보면서 그 과정을 느꼈다. 수확하고, 밀가루를 만들고, 수제비와 쿠키로 완성하기까지. 아이들은 한 그릇의 음식을 만들어낸 것이 아니라, 한 줄기의 삶을 완성해낸 것이었다.

　그 안에는 기다림이 있었고, 돌봄이 있었고, 실패도 있었으며, 예상 밖의 기쁨도 있었다. 무엇보다 중요한 것은 이 모든 과정을 아이들 스스로 경험했다는 것이다. 누군가 차려준 완성된 식탁이 아니라, 흙부터 시작해서 자신의 손으로 완성해낸 식탁 앞에 아이들이 서 있었다.

　이처럼 아이들은 손으로 삶을 요리하며 배움을 익히고, 그 안에서 스스로 의미를 발견해냈다. 그리고 그 힘은 또 다른 배움의 장면으로 이어진다.

　아이들은 흙의 감촉, 밀 수염의 까칠함, 반죽의 끈적임을 몸으로 느끼며 배웠다. 말로 설명되지 않아도 손끝과 마음으로 익힌 이 경험은 아이들만의 암묵지식이 된다. 그리고 '밀이 자라 밀가루가 되고, 그것으로 수제비와 쿠키를 만든다'라는 연결은 아이들이 일상 속에서 접해온 배경지식과 맞닿아 있다. 익숙했던 조각들이 경험을 통해 생생하게 되살아나며, 아이들의 이해는 점점 더 깊어진다.

　그렇게 몸으로 익힌 감각과 삶의 경험이 만나면, 아이들은 자연스럽게 통합지식을 만들어낸다. 하나의 씨앗에서 출발한 배움은 요리로, 이야기로, 상상으로 이어지며 아이들 스스로 의미를 만들어가는 여정이 되었다. 흙에서 식탁까지, 놀며 배우는 이 여정 속에서 아이들은 지식보다 더 귀한 것을 배웠다. 바로 삶을 스스로 요리하는 힘이다.

나는
탐험가예요

 어느덧 아이들의 여름이 시작되었다. 여름은 아이들을 더욱 활기차게 만든다. 그중에서도 최고의 놀이는 단연 물놀이다. 세면대와 싱크대에 떨어지는 물줄기를 만지는 것만으로도 아이들은 금세 신이 난다. 세면대에, 싱크대에 가득 채운 물 위에 띄운 작은 배는 어느새 강이 되고 바다가 된다. 아이들은 물장난을 넘어서 상상의 세계로 항해를 떠난다. "나는 탐험가!" 무언의 외치는 소리와 함께 교실은 순식간에 물바다가 되었지만, 그 속엔 살아 있는 놀이와 배움이 가득했다.

 이야기는 물놀이에서 시작되었다. 그러자 그 놀이는 어느새 아이들을 탐험가로 만들고, 질문을 품게 했다. 아이들의 최고의 놀이 장소인 수영장에 물을 채우고, 실험을 해보기로 했다. 수영복을 입고 물안경까지 갖춘 아이들의 표정은 말로 다 할 수 없을 만큼 신이 나

있었다. 밤새워 채워진 수영장의 물을 보며 아이들은 들뜬 마음으로 놀이를 기대했다.

"플라스틱, 쇠…."

아이들은 다양한 재료를 떠올리며, 교실 안에서 구할 수 있는 재료들로 수영장 놀이를 시작했다. 물에 띄워보기도 하고, 가라앉혀보기도 하며 직접 확인해보는 것이었다.

"플라스틱이 물에 뜬다!"

"앗, 쇠는 조금 뜨다가 가라앉았어! 왜지?"

"무거우면 가라앉고, 가벼우면 뜨나요?"

수영장 놀이를 하면서 아이들은 질문을 품고 스스로 답을 유추해보기 시작했다. 그러고는 "선생님, 빨리 고무통 놀이 시작해요!"라는 요청으로 드디어 놀이가 시작되었다. 넓은 고무통에 아이가 타고, 교사와 아이가 그 통을 끌며 반환점을 돌아오는 '고무통 달리기' 시합이었다. 물방울이 튀고 통 속으로 물이 들어와도 웃음은 끊이지 않았다. 그리고 마지막 순서, 교사가 고무통에 들어가자마자 고무통은 금세 물속으로 가라앉았다. 아이들은 그 모습을 보고 깔깔깔 웃음을 터뜨렸다.

"선생님이 우리보다 무겁잖아요!"

이 작은 사건이 다시 질문으로 이어진다.

"무게가 무거우면 배는 뜨지 못하는 걸까?"

이야기는 책으로 이어졌다. 교실로 돌아온 아이들은 책을 펼치며 새로운 사실을 발견하고 흥분을 감추지 못했다.

"쇠라도 넓고 오목한 모양이면 물에 뜰 수 있대!"

아이들은 고무통 놀이에서 가졌던 궁금증의 실마리를 찾은 듯, 눈을 반짝이며 이야기를 나눴다. 물속에서 물체를 밀어 올리는 힘이 바로 '부력'이라는 원리라는 것도 함께 확인했다. 이날의 활동은 단순히 '뜨는 현상'을 보는 데서 그치지 않았다. 왜 그런지, 어떻게 그런 일이 가능한지 스스로 탐구하고 고민해보는 시간이었다. 그리고 아이들은 스스로 새로운 도전을 제안했다.

"우리 진짜 배를 만들어보면 어때요?"

아이들의 탐험은 이제 '배 만들기'로 이어졌다. 여러 명이 그룹을 지어 배를 디자인하고, 어떤 재료를 쓸지 의논하면서 작업이 시작되었다.

"수수깡으로 배를 만들까?"

"짐을 실을 수 있으니 쇠로 만들자!"

"우리가 쇠로 만들 수 있을까?"

"페트병으로 만들 수도 있을 것 같아."

"그래, 가벼워서 괜찮겠다."

"그럼 무엇으로 붙이지?"

아이들의 생각은 이어지고 또 이어졌다. 수수깡을 연결하는 방법, 페트병을 이어 붙이는 방법에 대해 다양한 아이디어가 오갔다.

"테이프를 붙이면 괜찮을까? 떨어지지 않을까?" 하며 고민하면서 목공 본드, 구리 선 등등 평소에 접했던 재료들을 자르고, 붙이고, 끼우며 만들기 활동에 집중했다. 처음에는 각자 시작했지만, 어느새 서로 도와주며 협동의 분위기가 싹트기 시작했다. 옆 친구의 페트병을 잡아주고, 테이프를 뜯어주고, 끈을 잡아주며, 함께 만들어가는 모습, 주의가 산만한 아이들까지 집중하며 만들어가는 과정이 무척 인상깊었다. 혼자였다면 어려웠을지도 모를 일이, 함께하니 수월해졌다. 그래서 아이들의 배는 '나'만의 배가 아니라 '우리'의 배가 되었다. 물론 실패도 있었다. 중심이 맞지 않아 기울어지고, 테이프가 떨어지고, 끈이 풀리기도 했지만, 아이들은 포기하지 않았다. '어떻게 하면 완성할 수 있을까?'를 계속 고민하며, 다시 시도하고 또 시도했다. 함께 만든 배는 서툴렀지만, 그들의 꿈을 싣고 나아갈 작은 희망의 조각배였다.

아이들은 시행착오를 반복하며 자신들이 원하는 방향으로 배를 완성해갔다. 만들고 수정하는 과정 속에서 뿌듯함과 기쁨이 피어났다. 그런데 배를 만들면서 또 다른 궁금증이 생겨났다.

"자동차는 길이 있는데, 배는 어떻게 가는 거지?"

"눈에 안 보이는 길이 있는 건가?"

"배에도 네비게이션이 있어요?"

아이들의 질문은 끊이지 않았다. '배는 어디로, 어떻게 나아가는 것일까?' 하며 아이들은 책을 찾아보고, 정보를 검색하며 퍼즐을 맞춰나갔다. 지평선을 향해 나아가는 배, 등대가 불빛으로 길을 알려주는 모습, 그리고 배에도 GPS가 있다는 사실까지 말이다. 또 옛날 사람들은 별을 보고 길을 찾았다는 흥미로운 사실도 발견했다. 하늘을 올려다보며 아이들이 말했다.

"그럼 별이 길을 안내한 거야?"

새로운 지식 앞에서 아이들의 눈은 빛났다. 마치 탐험가처럼 아이들은 세상에 대한 이해를 하나씩 넓혀갔다.

며칠 뒤, 아이들은 드디어 직접 만든 배를 들고 시냇가로 향했다. 기대와 설렘이 가득한 표정, 손에는 '우리의 배'를 꼭 안고 있었다. 크기도 제법 컸다. 아이들은 배의 앞, 뒤, 가운데를 나눠 조심조심 들고 이동했다. 발걸음은 조심스러웠고, 목소리는 속삭이듯 이어졌다.

"정말 뜰까?"

"너무 떨려."

"가라앉지는 않겠지?"

"괜찮아. 가라앉으면 이유를 찾으면 되지. 그리고 다시 수정하면 되잖아."

서로를 다독이는 모습은 어느새 어른스러워 보였다.

드디어 시냇가에 도착했다. "얼른 띄워봐요!" 아이들의 재촉에 마음도 분주해졌다. "하나, 둘, 셋!" 하는 아이들의 외침과 함께 배가 물 위에 띄워졌다. 잠깐의 정적이 흐른 뒤, 환호성이 터졌다.

"배가 떴다!"

아이들은 손뼉을 치며 기쁨을 만끽했다. 자신들의 손으로 만든 배가 물 위에 둥실 떠 있다는 사실에 흥분과 감동이 밀려왔다. 실험은 단순한 놀이가 아니었다. 아이들은 자신이 직접 만들고 실행한 결과를 눈으로 확인하며 성취감을 느꼈다.

"배가 빙빙 돌아!"

"맞아, 물이 달팽이 모양으로 돌고 있어."

"그러니까, 배도 같이 돌아!"

아이들은 물살에 따라 움직이는 배를 관찰하며 새로운 원리를 이해해갔다. 바람에 돛이 흔들리는 모습을 보며 예전에 방패연을 날렸던 기억까지 떠올렸다.

"연도 바람에 날았었잖아!"

"배도 돛을 달면 바람으로 움직이겠네!"

아이들은 흐르는 시냇물 옆을 따라 배와 함께 이동했다. 마치 자신들이 진짜 탐험가가 된 듯 자연과 놀이 속에서 배우고 깨달아가는 여정이었다.

놀이가 끝난 뒤, 아이들과 함께 이 여정을 되짚었다. 어떤 아이는 "우리 배가 떠서 기뻤어"라고 했고, 어떤 아이는 "다시 만들고 싶어"라고 했다. 질문은 여전히 마음속에 살아 있었고, 배움은 끝나지 않았다. 놀이로 시작한 탐험은 과학과 협동, 언어와 표현을 아우르는 통합적 배움으로 자라났다. 무엇보다 아이들은 자신이 직접 만든 배가 물 위에 뜨는 순간, 배움이 주는 진정한 기쁨을 느꼈다. 아이들은 그렇게 놀이를 통해 세계를 배우고, 삶을 알아가고 있었다. 나 또한 아이들을 통해 배움 안에 함께 머물 수 있었다.

나는
시인이에요

아이를 키우는 여정은 때로는 예상치 못한 놀라움과 감동으로 가득하다. 우리는 아이의 작은 손짓 하나, 옹알이 같은 말 한마디에도 깊은 의미를 부여하고, 아이의 순수한 시선이 닿는 곳마다 새로운 세상을 발견하게 된다. 아이가 하늘을 올려다보며 "새" 하고 외칠 때, 우리는 그제야 비로소 무심코 지나쳤던 하늘의 푸르름과 새들의 지저귐에 귀 기울이게 된다. 아이가 작은 꽃 한 송이를 보고 환하게 웃을 때, 우리는 그 꽃의 색깔과 향기에 다시 한번 감탄하게 된다. 아이들이 전하는 물, 손, 해바라기 등 일상의 표현을 한번 들여다보자.

아이들은 물을 '요술쟁이'라고 불렀다. 산책을 하며 사계절을 몸으로 느꼈고, 그 속에 자신만의 시를 담았다. 아이들은 물을 보며 시냇물도 되고, 강물도 되고, 바닷물도 되며, 비도 되고, 이슬도 되고, 눈도 얼음도 된다고 했다. 아이들의 눈에 비친 물은 끊임없이 변모

하고 흐르는 존재다. 이러한 물의 유연성은 우리 교육에 가장 먼저 다가오는 시적인 가르침이다. 그러나 우리는 종종 교육을 견고한 틀 안에 아이들을 가두는 일로 오해하곤 한다. 정해진 지식의 길을 닦아주고, 그 길을 벗어나지 않도록 이끄는 것이 부모의 역할이라 여기기도 하면서. 하지만 아이들은 물처럼 저마다의 속도와 형태로 성장한다. 어떤 아이는 시냇물처럼 조용히 흐르다가 강물처럼 넓은 품을 갖게 되고, 어떤 아이는 얼음처럼 단단하다가 햇살 아래 녹아내리듯 새로운 모습으로 피어난다. 아이의 성장을 기다리고 존중하는 것. 이것이 물이 우리에게 가르쳐주는 첫 번째 교육의 의미가 아닐까. 아이들은 물을 이렇게 표현했다.

"물은 요술쟁이인가 봐요.
시냇물도 되고, 강물도 되고, 바닷물도 되지요.
물은 요술쟁이인가 봐요.
비도 되고, 이슬도 되고, 눈도 얼음도 되지요."

물은 어떤 틀에도 갇히지 않고 환경에 따라 모양을 바꾸며 흘러간다. 웅덩이에서는 웅덩이의 모습으로, 병에 담기면 병의 모습으로 자신을 변화시킨다. 이처럼 우리도 아이들이 어떤 환경에 놓이든 그 안에서 자신의 본질을 잃지 않으면서 유연하게 적응하도록 도와야 한다. 아이가 스스로의 속도로 탐색하고 경험하며 자라날 수 있도록 자유로운 흐름을 허용하는 것. 이것이 곧 교육의 지혜가 아닐까. 더 나아가 물은 끊임없이 순환하며 생명을 불어넣는다. 바다에서 증발해서 구름이 되고, 비가 되어 다시 땅으로 스며들듯이 교육도 상호작용과 순환의 과정이다. 부모와 아이, 교사와 아이, 친구들 사이의 소통과 교류 속에서 아이들은 배우고 성장한다. 질문하고 귀 기울이고 함께 탐색하는 순환적인 관계 속에서 아이들은 지식을 발견하고 세상을 이해한다. 물처럼 흐르고 순환하는 교육, 그것이 아이들의 잠재력을 꽃피우는 가장 자연스럽고 아름다운 방법일 것이다.

물이 교육의 유연함을 상징한다면, '손'은 교육의 따뜻한 연결성과 관계를 상징한다. "배 아플 때, 엄마가 '엄마 손은 약손' 노래를 부르며 내 배를 만져줬어. 그런데 정말 배가 아프지 않았어"라며 아이들은 엄마의 손을 '고마운 손', '소중한 손', '쉬지 않고 일하는 손'이라 부른다. 그리고 각 손가락에 의미를 부여하며, 손을 통해 세상을 배우고 표현한다. 손은 단순히 도구가 아니라, 아이들에게 사랑과 소통, 관계를 형성하는 중요한 교육의 매개체다. 무엇보다 손은 아이가 가장 먼저 사랑과 보살핌을 경험하는 통로다. 엄마의 따뜻한 손길은 안정감을 주고, 아플 때 이마를 짚는 손은 치유의 힘을 갖는다. 아이를 안아주고, 쓰다듬고, 함께 그림을 그리는 행위들은 사랑을 전하고 정서적 유대를 형성한다. 손은 말없이 사랑을 속삭이는 가장 오래된 언어이자, 아이의 건강한 자아 형성에 결정적인 역할을 하기 때문이다.

또한 손은 아이들이 세상과 소통하는 도구이기도 하다. 엄지를 치

켜세우며 "최고야~"를 외치고, 손가락을 걸며 '약속'하는 행위는 아이들이 자신의 감정을 표현하고 타인과 관계를 맺는 방식이다. 손을 통해 아이들은 협력하고, 놀이하고, 자신을 표현하며 사회성을 기른다. 손은 아이들의 작은 사회를 잇는 길이기도 하다. 흥미롭게도 아이들은 손등과 손바닥을 구별하는 데 어려움을 겪는다. 이는 아직 추상 개념이 익숙하지 않다는 것을 보여준다. '손등을 맞대다', '손바닥을 포개다'와 같은 표현은 말로만 이해하기가 어렵다. 그렇기에 교육은 발달 단계에 맞는 언어와 구체적인 경험을 함께 제공해야 한다. 직접 만지고, 느끼고, 만들어보는 체험을 통해서야 아이는 살아있는 지식을 얻게 된다는 것을 우리는 안다. 특히, 약지에 담긴 '사랑'의 의미는 깊은 울림을 준다. 아이들이 어른의 반지를 보며 사랑을 떠올리는 것은, 이미 관계를 통해 감정을 배우고 있다는 증거다. 교육은 단순한 지식 전달을 넘어서, 사랑과 공감, 배려라는 인간적인 가치를 내면화하는 과정이어야 한다. 손은 사랑을 심고, 관계를 맺으며, 인간됨을 가르치는 시인의 붓과 같다.

이제 시선을 들어보면, 해바라기처럼 빛을 향해 자라나는 아이들의 모습이 보인다. 올레길에 우뚝 선 해바라기를 보고 아이들은 묻는다.

"햇빛을 보고 싶어서 키가 커?"

"아니, 해를 닮고 싶어서!"

해바라기를 바라보는 아이들의 눈빛 속에는 자신의 존재 이유를 찾아가는 순수한 마음이 담겨 있었다. 해바라기가 해를 향해 고개를 돌리듯, 아이들 또한 본능적인 호기심과 배움에 대한 갈망을 지니고 있는 것이다. 부모는 이러한 내적 동기를 이해하고 존중해야 한다. 아이가 무엇에 관심을 가지는지, 어떤 질문을 던지는지 주의 깊게 살피며, 아이가 스스로 빛을 찾아 나아갈 수 있도록 지지하는 것이 무엇보다 중요하다. 억지로 싹을 틔우려 하지 말고, 따뜻한 햇살과 영양분처럼 환경을 마련해주는 것이 우리의 역할이다. 또한 아이들은 해바라기의 무거운 씨앗을 보며 "도와줄게, 다시 심어줄게"라고 말한다. 이는 그들 안에 자연스럽게 배어 있는 배려심과 공감 능력을 보여주는 것이다.

교육은 나만의 성장을 넘어, 공동체를 위한 마음을 기르는 과정이기도 하다. 서로 돕고 나누며 문제를 함께 해결하는 경험은 아이를 사회의 건강한 구성원으로 이끌어주기 때문이다. 아이들의 따뜻한 손길이 모여 해바라기 길을 이루듯, 그들의 순수한 마음은 세상을 더욱 풍요롭게 만들 것이기에. 해바라기가 수천 개의 씨앗을 품고 미래를 준비하듯, 아이들 한 명, 한 명 안에도 무한한 가능성이 자리 잡고 있다. 부모는 그 씨앗들을 발견하고, 각자의 속도로 자라날 수 있도록 믿음과 격려를 보내야 할 것이다. 때로는 시간이 오래 걸리더라도, 그 기다림의 과정이야말로 진정한 교육의 태도다. 매일 아침 해를 맞이하는 해바라기처럼, 아이들 또한 매일 새로운 가능성으로 빛나고 있다.

> "해바라기야, 너는 왜 키가 크니?
> 햇빛이 보고 싶어 키가 커?
> 해바라기는 해가 좋아서 따라 다닌다.
> 해바라기야, 왜 해를 따라다니니?
> 해를 닮고 싶어서 그러지.
> 해바라기야, 천 개가 넘는 씨앗을 가지고 무겁지 않니?
> 우리가 도와줄게. 얼룩말무늬 씨앗으로 다시 심어줄게.
> 우리 다시 만나자."

아이의 눈으로 세상을 바라보는 일은 어른인 우리에게도 깊은 배움을 준다. 아이들의 순수함과 호기심, 그리고 예측할 수 없는 상상력은 우리가 잊고 지냈던 삶의 경이로움을 다시금 깨닫게 해준다. 부모는 아이의 첫 번째 스승이지만, 동시에 아이를 통해 배우는 영원한 학생이기도 하다.

이처럼 아이들은 우리가 잊고 지내던 감각을 일깨우고, 무뎌졌던 마음을 다시금 섬세하게 만들어준다. 아이의 눈을 통해 바라보는 세상은 그 어떤 시인도 흉내 낼 수 없는 아름다움과 경이로움으로 가득하다. 우리는 아이의 질문과 호기심 속에서 삶의 본질을 다시 생각하고, 평범한 일상 속에서도 숨겨진 보석 같은 순간들을 찾아내게 된다. 그리고 우리는 모두 '부모'라는 이름으로 처음 이 길에 선다. 서툴고, 불안하고, 때로는 외롭다. 그래도 괜찮다. 완벽하지 않아도 아이의 시 한 줄이 지친 마음에 조용히 손을 얹어줄 테니까.

나는
예술가예요

　세상 모든 아이는 태어날 때부터 호기심 가득한 예술가다. 작은 손으로 무엇이든 만져보고, 눈에 보이는 모든 것에 궁금증을 품으며, 아이만의 방식으로 세상을 표현한다. 아이들은 눈으로 보고, 손으로 만지고, 몸으로 느끼며 세상과 대화한다. 특히 만 3~5세는 아이들의 상상력과 창의력이 폭발적으로 자라나는 시기다. 이 시기의 아이들의 미술은 단순한 '활동'이 아닌, 살아 있는 '언어'다. 아이들의 미술 놀이를 들여다보면, 배움은 언제나 감각에서 시작된다.

　미술 시간은 마법의 시간이다. 아이들의 미술놀이는 언제나 반짝이는 눈빛으로 시작된다.

　"선생님, 오늘은 뭐해요?"

기대감과 호기심으로 가득 찬 아이들은 다양한 재료 앞에서 상상력을 펼친다.

"휴지로 무엇을 하지?"

"밀가루도 있네!"

"블록도 있어요!"

"찰흙도 있다. 재미있겠다."

"손바닥이 미끌미끌하겠어."

"엄마가 뭐 했는지 물어보실걸?"

아이들의 눈에 닿는 모든 사물은 예술 재료이자 놀이의 소재가 된다. 미술놀이의 아이들은 '배운다'라기보다 '느낀다'라고 말할 수 있다. 아이들이 몸으로 느끼고 스스로 깨우치는 놀이이기 때문이다. 선생님의 지시가 없어도, 아이들은 자유롭게 움직이고, 탐색하며, 시도하고, 표현한다.

사계절 피어나는 꽃과 풀을 보며 '어떻게 놀까?'라는 생각이 아이들 머릿속에서 폭풍처럼 일어난다. 올레길에 핀 찔레꽃, 민들레, 이름 모를 들꽃들로 화관을 만들어보기도 한다. 칡넝쿨을 이어 붙여 만든 화관은 아이들의 추억이 담긴 다큐멘터리가 되고, "나도, 나도!" 하고 외치는 모습은 영화의 한 장면처럼 펼쳐진다.

아침 산책길은 계절을 만나고, 꿈을 꾸며, 상상하는 오롯이 아이들의 시간이다. 아이들의 손바닥에 놓인 풀, 나뭇잎, 들꽃은 놀이 소재가 되어 창작 예술로 다시 태어난다. 아이들이 걷는 올레길 또한 아이들의 순수한 도화지로 변한다. 나무 꼬챙이와 자갈돌 하나면 길은 바다가 되고, 우주가 되며, 꿈이 된다.

아이들의 꼼지락하는 손가락은 붓이 되고, 연필이 되어 마음을 그리며 상상을 채운다. 그림을 잘 그리는 것이 예술이 아니다. 표현하고 싶은 무언가가 있고, 그것을 꺼내는 용기를 배우는 것. 그 속에서 아이들은 나름의 생각, 감정, 기억, 상상력을 자연스럽게 쏟아내면서 지식과 감정, 사고와 상상이 통합되고 성장의 장이 된다.

지금의 아이들도 예전의 아이들처럼 길 위의 그림을 통해 마음의 스케치를 이어간다.

"내 손바닥이 나비가 되었어."

"난 코끼리가 되었어."

아이의 말은 바람이 되어 춤을 춘다. 비고츠키는 유아기의 상상 놀이야말로 고등 사고력의 뿌리라고 봤다. 이처럼 유아기의 예술은 단지 예쁜 결과물을 만들기 위한 활동이 아니라 아이의 모든 지식을 통합해내는 학습의 과정이다. 아이들은 말로 다 표현되지 않는 것을 그림으로 말한다. 아이들은 풀과 꽃, 나뭇잎으로 구성된 친구의 손바닥 위의 작품을 보느라 바쁘지만, 누구도 평가하지 않고, 흉내 내지도 않는다. 그렇게 각자의 생각이 담긴 개성 있는 작품이 탄생한다.

완성된 창작물은 모빌이 되어 아이들의 공간에서 바람에 따라 움직인다. 아이들의 모빌은 매일 새로운 모습으로 아이들을 반긴다. 바람 따라 흔들리는 모빌은 바람이 만든 시(詩)이고, 그 아래 선 아이들은 그 시를 읽는 독자이자 또 다른 창작자다. 바람 따라 흔들리는 모빌처럼 아이들의 마음도 설렘으로 채워진다. 이 설렘은 미소로, 자신감으로 이어지는 아이들의 소중한 작품이 된다. 어느새 아이들의 눈빛 속 자연의 아름다움은 예술이 되고, 그 안에는 감성적 교감, 탐구적 호기심, 언어 발달의 씨앗이 함께 자라고 있다. 자연놀이를 통해 아이들은 세상과 관계 맺는 법도 배우는 중이다.

아이들은 놀이로 요리하고, 상상으로 예술을 한다.

"몬스터가 배가 고프대요."

동화를 들은 아이들은 금세 몰입해서 "몬스터에게 밥을 해주고 싶어요!"라고 외쳤다. '무슨 밥을 해줄까' 고민하던 아이들은 마침 보인 휴지를 보며, 맛있는 밥을 만들어보기로 했다. 고민은 곧 미술과 놀이, 감정과 상상의 경계를 허무는 시간으로 이어졌다.

"선생님, 휴지를 이렇게 많이 풀어도 돼요?"

처음엔 조심스러워하던 아이들도

"오늘은 선생님이랑 신나게 풀 거야!"

라는 말에 아이들은 눈을 반짝이며 휴지를 한없이 풀어냈다. 휴지를 쭉쭉 길게 늘여보고, 목도리와 머리띠, 팔찌도 만들어보며 자유롭게 탐색한다. 작게 찢어 바구니에 담으며 손의 감각을 익히고, "휴지 갖고 장난하면 엄마한테 혼나요"라는 말에서는 평소 주어지지 않던 자유에 대한 놀람과 설렘이 느껴졌다. 바닥 가득 쌓인 휴지 산을 보고 "우와~ 구름 같다! 여기 숨어볼까?"라며 휴지 속으로 '풍덩' 하고 들어가는 아이들. 까르르 웃음꽃이 피어났다.

물감은 '색깔 요거트'라는 새 이름을 얻었다. 아이들은 세계를 새롭게 이해하고 재구성한다. 이때 아이들은 단지 미술 수업이 아닌 놀이로서 자신만의 방식으로 지식을 연결하고, 감정을 소통하는 것이다. 처음엔 낯선 물감의 질감을 조심스럽게 손으로 만져보며, "풀 같아요", "진짜 콧물 같아요"라며 아이들만의 특유한 언어로 표현한다. 손바닥을 붙여보며 천천히 익숙해지고, 휴지에 물감을 번지게 하며 색의 변화를 관찰한다.

"빨간색이랑 파란색을 섞었더니 보라색이 됐어요!"

아이들의 목소리에 놀라움이 가득하다.

"우리가 마술사?"

또 웃음이 터졌다.

"노란색 주먹밥이다."

"난 빨간색 주먹밥 만들었어. 맛있겠다."

"자, 냠냠! 꿀꺽! 아~ 잘 먹네."

물감으로 물든 휴지는 주먹밥이 되고, 아이들은 엄마와 몬스터와 친구가 되며, 역할극을 통해 몰입하고 공감하면서 이야기를 확장해 나갔다.

무엇보다 중요한 것은 "휴지를 풀면 안 돼"라는 일상의 금기를 넘어서는 경험을 통해 자유와 해방의 기쁨을 몸으로 느꼈다는 점이다. 이는 곧 아이들 내면의 상상력이 더 멀리 뻗어갈 수 있는 뿌리가 되었다. 아이들의 예술은 항상 놀이와 함께 있다. 그리고 그 중심에는 세상을 향한 감각과 질문, 상상이 존재한다. 자연과 놀이와 더불어서 말이다.

놀이는
창의력이다

아이들에게 놀이는 무엇일까? 아이들은 태어나면서부터 놀이를 시작한다. 옹알이, 손짓, 기어다니기 같은 모든 행동이 놀이이며, 그것은 세상을 배우는 첫걸음이다. 아이들의 반짝이는 눈빛은 새로운 것을 발견하고 탐색하려는 본능 그 자체다. 놀이는 단순한 '행동'이 아니라 세상과 만나고 상상하고 창조하는 방식 그 자체다.

마리아 몬테소리는 "놀이는 아이의 일이다"라고 말했다. 아이는 놀이를 통해 생각하고 표현하며, 세상을 살아가는 방식을 익힌다. 그래서 놀이는 아이에게 가장 본질석인 학습이자, 동시에 삶 그 자체다.

나의 어린 시절도 마찬가지였다. 엄마는 "눈만 뜨면 논다"라고 푸념하시면서도 "숙제는 하고 놀아야지"라며 놀 시간을 허락해주셨다. 학교가 끝나면 오빠와 함께 동네 골목으로 달려나갔고, 해 질 녘 "밥 먹어라!"라는 소리가 들리면 아쉬운 작별 인사를 나눴다. 놀이 안에서 규칙을 만들고, 이기기 위한 전략을 고민하며, 다투기도 하고 화해하기도 했다. 그 모든 순간이 인생을 배우는 놀이였다.

요즘 아이들도 다르지 않다. 놀이의 종류만 바뀌었을 뿐, 아이들의 웃음과 열정은 그대로다. 비가 왔던 어느 날, 유치원 놀이터에 물웅덩이가 생겼다. 관리담당 선생님이 모래로 메우려는 순간, 나는 아이들을 위해 그대로 두자고 말씀드렸다. 그리고 아이들은 물웅덩이 앞으로 달려가 나뭇가지를 낚싯대로 삼고, 상상의 바다를 펼쳤다. "난 고래 잡아!", "난 상어야!"라고 외치는 만 3세 아이들 옆에서 "거기 고래가 어딨어?"라며 현실을 짚는 만 5세 아이도 있다. 같은 자리에 있어도, 바라보는 세계는 이렇게 다르다. 이 짧은 순간은 아이들 사이에서 상상과 현실을 구분하는 인지 발달의 차이를 말없이 보여준다. 그리고 그 차이마저 하나로 어우러져, 놀이터는 다시 아이들만의 이야기로 넘실거리는 바다가 된다.

모래 놀이터에서 아이들은 조심조심 모래를 파내며 터널을 만들었다. 무너지지 않도록 쌓고 또 쌓는 손끝에는, 집중과 협동이 고스란히 담겨 있었다. "야, 터널이다!" 하고 환호성이 터지는 순간, 놀이는 절정을 맞았다. 아이들은 저마다의 터널에 이야기를 불어넣었고, 놀이터는 어느새 또 다른 세계로 이어지는 출입구가 되었다. 이

내 아이들은 파낸 모래 위에 나뭇가지를 세우고, 숨을 죽인 채 한 움큼씩 모래를 덜어냈다. 눈과 손, 마음이 하나 되어 움직이는 그 순간, 차례를 기다리는 아이들의 떨림마저 고요한 긴장으로 번졌다. 그 모습을 바라보며, 문득 나의 어린 시절이 아득히 떠올랐다. 이처럼 놀이는 아이들의 감정과 삶이 고스란히 드러나는 장이다. 혼자서 주도하는 놀이든, 친구와 함께하는 놀이든, 아이는 그 속에서 자신을 표현하고, 사회를 배운다.

비고츠키는 놀이가 자기조절력과 사회적 기술을 길러준다고 했다. 실제로 유치원 정원에서 '무궁화 꽃이 피었습니다' 놀이가 시작되면, 아이들은 규칙을 따르고, 판단하며, 결과에 승복하는 법을 익힌다. 누가 움직였는지를 두고 갈등이 생기면, 아이들 스스로 심판 역할을 하며 상황을 조율하고, 결과에 따라 기뻐하거나 실망하기도 한다. 이 모든 과정이 곧 감정을 조절하는 법과 타인을 존중하는 법을 배우는 시간이다.

아이들의 놀이를 보면 각 아이의 개성이 고스란히 드러난다. 어떤 아이는 책과 퍼즐 같은 조용한 놀이를, 또 어떤 아이는 달리고 소리 지르는 활동적인 놀이를 선호한다. 이처럼 놀이는 자신을 표현하고 욕구를 충족하는 중요한 수단이다. 놀이를 통해 아이들은 감정을 이해하고 조절하는 법을 배우며, 친구들과의 관계 속에서 사회성과 협동심을 키운다. 각자의 놀이 방식은 다르지만, 그 모두가 아이 성장에 없어서는 안 될 소중한 경험인 것이다.

무엇보다 놀이에는 웃음이 있다. 웃음은 긍정 정서의 출발점이며, 아이는 놀이 속에서 마음의 안정과 기쁨, 소속감을 느낀다. 놀이에는 대본이 없다. 목표를 설정하고 성과를 내야 한다는 압력도 없다. 그러나 우리는 종종 아이들의 놀이가 미숙하거나 산만하게 느껴질 때 개입하고 싶은 충동을 느낀다. 그럴 때일수록 '지켜보는 기다림'이 무엇보다 필요하다. 놀이가 혼란스럽게 보여도 아이는 나름의 논리와 세계 안에서 상상하고 실험하고 있다. 그래서 어른의 개입은 때론 아이들의 성장 과정을 방해할 수 있음을 우리는 기억해야 한다.

놀이에 개입을 줄이는 방법은 생각보다 어렵지 않다. 먼저, '무엇을 만들고 있을까?', '이 아이는 어떤 방식으로 문제를 해결하려는 걸까?' 같은 관찰자의 시선으로 아이를 바라보는 태도가 필요하다. 행동을 멈추게 하기보다 이유를 묻는 질문으로 다가가면, 아이는 스스로 생각의 폭을 넓혀간다. 또한 놀이의 결과보다 과정을 중시하며, "멋지다!"라는 칭찬보다는 "이건 어떻게 생각해낸 거야?"라는 호기심 어린 질문이 아이의 주도성을 살린다. 개입하고 싶은 마음이 들 때는 마음속으로 천천히 열까지 세어보며 10초간 잠시 멈추는 여유도 큰 도움이 된다.

놀이에는 정답이 없기에, 아이가 시행착오를 겪고 때로는 실패하는 것조차 어른이 '안전한 경험'으로 받아들이는 태도 또한 중요하다. 어른의 눈에는 비효율적으로 보일 수 있지만, 아이는 그 과정 속에서 상상력을 펼치고 자신만의 세계를 넓혀가고 있다. 그래서 우리는 아이가 자유롭게 탐색할 수 있도록 신뢰하고 지켜봐야 한다.

친구와 장난감을 가지고 다투는 등의 위험 상황이 아니라면 교사의 즉각적인 개입보다는 아이들 스스로 해결 방법을 찾아보도록 기다려줄 때, 아이들은 갈등을 관리하고 해결하는 중요한 사회적 기술을 체득하게 된다. 놀이는 아이가 세상과 마음을 실험하고, 자신만의 이야기를 표현하며, 새로운 세계를 창조하는 아름다운 여정이기 때문이다.

그 안에서 아이들은 친구를 만나고, 다투고, 화해하며, 기다림을 배우고, 책임을 지며, 웃음과 눈물을 통해 한 뼘씩 성장해나간다. 아이들의 어린 시절 놀이는 단순한 추억이 아니라 평생을 함께할 삶의 든든한 토대가 된다는 것을 우리는 안다. 강요하지 않아도 아이들은 놀이를 통해 세상을 탐험하고, 상상과 창의로 세상을 연결하며, 스스로 자신의 길을 만들어가고 있다. 그래서 놀이는 아이가 자신의 삶을 가장 풍요롭고 진지하게 배워가는, 무엇과도 바꿀 수 없는 소중한 시간이다.

놀이는
사회관계성이다

아이에게 놀이는 단순히 즐거운 시간을 보내는 것을 넘어, 세상을 배우고 타인과 관계를 맺는 중요한 통로다. 폴커 프리벨(Volker Friebel)의 "사회성을 가르치는 것은 '더불어 함께 서는 법'을 가르치는 것이다"라는 표현은 이러한 사회성 교육의 중요성을 잘 보여준다.

현대사회에서는 맞벌이 가정이 늘면서 아이들도 부모의 사회생활 리듬에 맞춰 더 일찍 '자신만의 사회생활'을 시작하게 된다. 이른 아침, 엄마 손을 잡고 어린이집이나 유치원에 도착하는 순간부터 아이의 작은 사회가 열린다. 그곳에서 아이는 혼자놀이, 병행놀이, 연합놀이 등 다양한 놀이 방식을 경험한다. 놀이를 통해 타인과 관계를 맺고, 갈등을 해결하며, 협업의 기초를 배워나간다. 놀이를 통해 익히는 사회성은 단순한 친구 관계를 넘어, 평생을 두고 힘이 되는 소중한 자산이 된다.

상담 기간이 되면, 부모 질문지에 빠지지 않는 질문이 있다. 바로 '우리 아이, 친구랑 잘 어울리나요?'라는 질문이다. 부모가 가장 궁금해하는 것은, 아이가 또래와 잘 지내고 있는지 여부다. 실제로 교실을 들여다보면, 놀이 속에서 드러나는 아이들의 모습은 매우 다양하다. 친구들과 어울리지 못하고 교실을 빙빙 도는 아이, 선생님 주변을 맴도는 아이, 조용히 놀잇감을 만지며 관망하는 아이, 처음부터 친구들과 척척 어울려 노는 아이까지. 이러한 차이는 아이의 발달 단계, 기질, 그리고 이전의 놀이 경험에 따라 자연스럽게 나타난다. 이처럼 친구 관계는 아이의 성장에 있어 매우 중요한 부분이기에, 부모의 관심과 걱정이 뒤따를 수밖에 없다.

특히 4월쯤이면 유치원을 옮겨오는 아이들을 자주 만나게 된다. 다양한 이유가 있지만, 가장 큰 원인은 바로 '적응의 어려움'이다. 아침마다 등원을 거부하며 울고 떼쓰는 아이, 그런 아이를 뒤로한 채 출근해야 하는 엄마는 마음이 무겁다. 이처럼 아이들이 유치원에 적응하지 못하는 이유 중 하나는 '친구 관계에서 오는 어려움'이다. 바쁜 출근길, 아이의 감정을 충분히 들여다볼 여유가 없는 엄마는 "유치원은 가야 해"라는 말만 반복하게 되고, 그 뒤엔 여김없이 죄책감이 따라온다.

"유치원만 잘 다니면 좋겠어요."

이 짧은 말에는 일과 양육 사이에서 흔들리는 엄마의 깊은 마음이 담겨 있다.

아이들은 놀이 속에서 친구와의 관계를 배우고, 감정을 나눈다. 하지만 그 과정은 결코 단순하지 않다. "오늘 누구랑 놀았어?", "간식은 잘 먹었어?" 같은 엄마의 질문에 아이는 어떤 날은 숙제하듯 단답형으로 대답하고, 어떤 날은 뜬금없이 "친구들이 나랑 안 놀아" 라고 툭 내뱉는다. 이 한마디에 엄마는 마치 하늘이 무너지는 듯한 불안감을 느낀다.

'왜 내 아이랑 안 놀지?'

'혼자만 논 것은 아닐까?'

'선생님은 우리 아이를 잘 돌보고 계신 걸까?'

엄마의 마음속 물음표는 점점 커져만 간다. 예를 들어, 혼자 놀이에 몰입하는 아이는 자신만의 상상 세계에 깊이 빠져 있다. 나무 블록으로 집을 지으며 방해받기를 싫어하고, 친구의 놀이 제안에도 선뜻 응하지 않는다. 반면, 아직 놀이가 미숙한 아이는 친구가 애써 만든 구조물을 무심코 무너뜨리기도 한다. 이런 행동은 때로 의도적인 경우도 있지만, 대부분은 놀이 방식이 다르기 때문이다.

사실 또래가 자연스럽게 공유하는 감정, 규칙, 소통 방식 등은 눈에 보이지 않는 암묵적 '약속'이자 '또래 문화'다. 아이들은 이러한 놀이 세계 안에서 조금씩 관계 맺는 법을 배우고, 타인의 감정을 조율하는 능력을 천천히 배워간다. 놀이를 주도하는 친구에게 아이들이 끌리는 것은 자연스러운 일이다. 아이디어를 내고 놀이를 조직하며 친구들을 이끄는 아이에게는 시선이 쏠린다. 물론, 이러한 주도성은 일부 타고나는 면도 있지만, 대개는 부모, 형제와의 놀이 경험 속에서 서서히 길러지는 능력이기도 하다. 아이들은 놀이를 '배워서' 하기보다, '직접 하면서' 배운다. 몸으로 부딪히고 감정을 주고받는 그 과정 속에서 사회성과 주도성도 함께 자라난다.

이 과정에서 교사의 설부른 개입은 주의해야 한다. 친구와 어울리기 어려워하는 아이에게 "같이 놀아줘"라고 말하는 것은 오히려 놀이 흐름을 방해할 수 있다. 친구를 거부하는 것이 아니라, 이미 자신만의 견고한 놀이 세계가 형성된 상태에서 흐름이 끊기는 것을 불편해하기 때문이다. 이럴 때는 놀이에 필요한 역할을 자연스럽게 연결해주거나, 아이의 아이디어를 놀이에 반영하는 등 '부드러운 연결'을 시도하는 것이 바람직하다.

또래 놀이 속에서는 규칙 이해는 물론, 감정 조절, 언어 표현, 배려, 문제 해결 능력 같은 다양한 사회적 기술이 함께 자라난다. 이런 사회적 기술은 부모와의 놀이 속에서도 길러질 수 있다. 단순히 아이의 감정을 읽어주는 일방적인 소통을 넘어서, 상호반응, 경청, 배려와 표현이 어우러질 때 그제야 비로소 아이는 건강한 관계 맺음을 경험하게 되는 것이다.

이처럼 유아기의 놀이는 실제적인 관계 속에서 아이의 사회성을 형성하는 중요한 과정이다. 우리 역시 어린 시절 또래들과 어울려 놀며 갈등을 겪고, 협동하며, 때로는 물러서는 관계의 기술을 배웠다. 그리고 부모 역시 여전히 감정을 조절하고, 말과 행동을 다듬으며, 사회와 소통하는 법을 배워가는 중이다. 아이들은 세상에 잘 적응된 부모가 아니라, 노력하며 살아가는 부모를 통해 더 큰 배움을 얻는다.

앞으로 아이들이 살아갈 사회는 인공지능과 더불어 살아가는 복합적인 시대다. 이러한 시대에는 '혼자 잘하는 힘'보다 '더불어 살아가는 힘'이 훨씬 더 중요하다. 그리고 그 힘은 바로 놀이에서 시작된다. 다양한 놀이를 통해 감정에 색을 입히고, 감수성을 기르며, 사회적 기술을 익히는 과정을 경험한다. 이처럼 풍부한 놀이 경험은 아이의 정서 발달과 인지 능력은 물론, 자존감에도 깊은 영향을 준다. 놀이 속에서 충분히 웃고, 몰입하며, 감정을 나눈 아이는 '나는 소중한 존재'임을 느낄 수 있다.

그러므로 부모는 아이에게 '충분히 놀 수 있는 시간과 공간, 그리고 관계와 여유'를 아낌없이 제공해야 한다. 밝고 건강한 우리 아이들의 미래를 위해, 이제는 놀이를 아이 삶의 중심에 두는 일을 더 이상 미뤄서는 안 된다. 놀이는 아이가 세상을 이해하고, 자신을 발견하며, 타인과 더불어 살아가는 지혜를 배우는 가장 따뜻하고 본질적인 시작이기 때문이다.

함께 노는 법을 배우지 못한 새끼 사자가 결국 혼자 사냥할 수 없는 것처럼, 아이도 놀이를 통해 '더불어 사는 힘'을 배우며, 그 힘이 아이가 사회 속에서 건강하게 살아가는 밑거름이 된다는 것을 인식해야 한다.

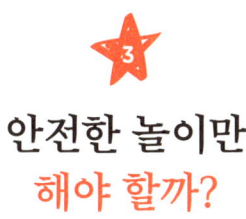

안전한 놀이만
해야 할까?

어릴 적 나의 놀이터는 바다와 산, 들이었다. 온 세상이 놀잇감이었고, 비가 오면 도랑물이 넘치는 광경은 마냥 신기했다. 나는 고무신을 벗어 물에 띄우고, 그것을 따라 도랑을 달렸다. 달음박질은 물보다 느렸고, 결국 신발은 바다로 사라졌다. 집으로 가면서 미리 울기 시작했다. 엄마에게 혼날 게 뻔했기 때문이다. 아니나 다를까, "위험한 놀이는 하면 안 돼!"라는 꾸중이 돌아왔다. 하지만 그 기억은 지금도 내 마음속에 '행복한 모퉁이'로 남아 있다.

아이들은 비가 와도 바깥놀이를 원한다.

"선생님, 우리 언제 나가요?"

"우산 쓰면 되잖아요!"

아이들은 우산을 쓰고 물웅덩이를 첨벙이며 나선다. 빗방울이 우산 위에 떨어지면 "팝콘 튀겨지는 소리 같아"라고 한다. 달팽이를 관찰하며 풀잎 위로 떨어지는 빗방울도 아랑곳하지 않는다. 감기라도 걸릴까 봐 걱정인 것은 어른뿐이다. 하지만 그날의 산책은 아이들의 마음에 '행복 통장' 한 줄을 더 채워줬을 것이다. 그날의 달팽이 이야기는 실외에서 실내로 이어진다.

"달팽이는 춥지 않을까?"

"우린 비 맞으면 추운데."

"달팽이는 미끄러웠어! 아니 부드러웠어."

"배고파서 배추잎 먹나 봐."

"그럼 달팽이 초록색 똥 나오겠네!"

아이들은 질문하고, 답하고, 웃고, 상상하며 놀이를 이야기로 확장시킨다. 같은 시간, 같은 장소, 다른 시선으로 쌓은 경험은 저마다의 '기억의 그림'이 되어 남는다. 자연을 바라보는 아이들의 이 특별한 감각은 단순한 관찰을 넘어선다. "아이에게 가장 소중한 것은 지식보다도 경이로움을 느끼는 능력이다"라는 레이첼 카슨(Rachel Carson)

의 말처럼, 팝콘처럼 튀는 소리의 빗방울, 달팽이의 초록색 똥을 상상하는 마음. 그것이 바로 경이로움에서 비롯된 놀이의 확장이다.

놀이는 곧 배움이다. 국어사전에서 '안전'은 '편안하고 온전함', '위험이 없는 상태'를 뜻한다. 교육현장에서는 아이들이 '안전하게 생활하고 놀이하는 법'을 일상 속에서 배우고 익힌다. 하지만 아이들의 놀이는 언제나 예측 가능한 범위에만 머무르지 않는다. 아이들의 생각은 어디로 튈지 모르는 공처럼, 자유롭고 예측 불가능하다.

놀이터에서 아이들은 손으로 모래를 오물조물 만지며 성을 쌓고, 땅을 파기도 한다. 이렇게 놀이가 펼쳐지는 동안, 교사와 부모는 조용한 긴장을 유지하며 아이들의 모습을 살핀다. 유아교육학자 릴리언 캐츠(Lilian Katz)는 "교사는 '답을 주는 사람'이 아니라, 아이가 배울 기회를 놓치지 않게 '기회를 읽는 사람'이어야 한다"라고 말했다. 아이 곁에 있는 어른이라면 누구나, 정답을 말해주기보다는 아이가 '스스로 해보는 기회'를 놓치지 않도록 기다리고 지켜보는 존재여야 한다. 그래서 놀이는 아이만의 시간이면서도, 어른의 신중한 시선과 배려가 함께해야 하는 순간이다. 이런 이유로, 놀이터는 교실 밖의 확장된 교실이자 아이들의 자율성과 호기심이 가장 왕성하게 드러나는 공간이다.

하지만 놀이가 언제나 평화롭고 웃음만 가득한 것은 아니다. 잡기 놀이를 하다 넘어져 울음을 터뜨리기도 하고, 새로 발견한 돌멩이를 두고 작은 갈등이 생기기도 한다. 때로는 높은 곳에서 뛰어내리는 일이 아이들에게는 큰 도전이자, 스스로 해냈다는 뿌듯함을 안겨주는 소중한 순간이 되기도 한다.

어느 날, 한 아이가 친구에게 돌멩이를 던졌다는 이야기를 들었다. 교실은 순간 조용해졌고, 선생님의 시선은 그 아이에게 향했다. 아이의 얼굴에는 억울함과 당황함이 동시에 떠올랐다.

"저 친구한테 던진 거 아니에요…. 진짜예요!"

알고 보니 아이는 거미줄을 보고 있었다. '돌멩이를 던지면 거미줄이 끊어질까?' 그게 궁금했던 것이다. 그 순간, 그저 '위험한 행동'으로 보였던 장면 속에, 아이만의 탐구와 질문, 그리고 실험이 숨어 있었다. 어른의 눈에는 충동처럼 보였을지 몰라도, 아이의 마음속에는 분명한 목적과 호기심이 있었다. 그렇다면 아이들에게 '안전한 놀이'는 무엇일까? 선생님이 정해준 활동만이 안전하고 바람직한 놀이일까? 조금의 위험과 실패가 섞인 놀이야말로, 아이들이 세상을 배우는 진짜 방식일지도 모른다.

한번은 유치원 정원에서 캠핑 놀이를 기획했다. 어떤 반은 교사가 텐트를 미리 완성해뒀고, 다른 반은 아이들이 직접 텐트를 설치했다. 결과는 분명했다. 아이들이 주도한 반에서 훨씬 더 적극적인 참여와 깊은 몰입이 이루어졌다. 놀이의 본질은 바로 자발성과 주도성에 있다. 아이들이 스스로 주도할 수 없다면, 놀이는 어느새 '의무'가 된다. "안 돼!"라는 제약이 많은 놀이는 흥미를 잃기 쉽다. 아이들은 그런 제한된 놀이를 벗어나, 점점 더 스스로 움직일 수 있는 공간, 즉 자신이 주체가 되는 놀이터로 관심을 옮기게 된다. 그래서 놀이의 주체는 반드시 아이여야 한다. 아이의 손으로, 아이의 생각으로 시작된 놀이만이 진짜 '살아 있는 놀이'가 된다.

유치원 올레길은 울퉁불퉁한 길이다. 흙길, 자갈길, 잔디길이 어우러진 올레길에서 아이들은 가끔 넘어지기도 한다. 하지만 그 길에서 아이는 넘어지고, 다시 일어서며 '스스로 일어서는 법'을 배운다. 서로 다른 질감의 길은 아이의 오감을 자극하고, 주변에 흐르는 시냇물과 계절의 변화는 눈으로, 귀로, 그리고 온몸으로 다가온다. 이 올레길은 단순한 길이 아니라, 아이의 몸과 마음을 일깨우는 배움의 길이다.

만약 아이들의 안전만을 우선해서 움직임을 줄이고, 조심만을 강조한다면 아이들은 점점 스스로 탐색하고 성장할 기회를 잃게 될지도 모른다. 작가 로버트 풀검(Robert Fulghum)은 《내가 알아야 할 모든 것은 유치원에서 배웠다》에서 이렇게 말했다.

"인생의 지혜는 상아탑이 아니라 유치원 모래성에 있다."

아이에게 필요한 것은 완벽히 평탄한 길이 아니라, 조금은 울퉁불퉁해도 스스로 걸어볼 수 있는 길이다.

아이들에게 안전도 중요하지만, 때때로 '도전'이 더 큰 배움이 된다. 조금은 불안해 보이는 상황, 약간의 불편과 긴장 속에서 아이는 상상하고 시도하며, 꿈을 향한 용기를 키워간다. 아이들은 놀이를 통해 세상을 만지고, 상상을 현실로 만들어간다. 안전한 환경과 더불어 중요한 것은, 아이가 스스로 자랄 수 있는 자유다. 아이들이 마음껏 상상하고 움직일 수 있는 환경, 그것이 진정한 의미의 '안전한 울타리'가 아닐까.

아이의
자존감

  부모가 된다는 것은 단지 아이를 돌보는 일에 그치지 않는다. 아이를 갖기로 마음먹는 순간부터 우리는 스스로에게 묻는다. '어떤 사람으로 성장하길 바랄까?', '어떤 가치를 심어주어야 할까?' 그리고 희망으로 가득 찬 청사진을 그리기 시작한다. 그러나 이 여정은 결코 단순하지 않다. 나 역시 자녀들이 성인이 되었음에도 여전히 '성장 중인 어른'이다. "어릴 땐 그 나름대로, 성인이 되면 또 그만큼 어렵다"라는 옛 어른들의 말이 이제야 진심으로 다가온다.

  한 인간을 양육하는 일은 복잡하고 막중한 책임을 동반한다. 그 중심에는 '자존감'이라는 본질적인 개념이 있다. 부모가 아이에게 줄 수 있는 최고의 선물은 바로 이 '자존감'이다. 심리학자 수잔 하터(Susan Harter)는 전반적인 자기 가치와 함께 학업, 사회성, 신체 능력, 외모, 행동 등 여러 영역에서의 능력감이 자존감을 구성한다고 봤다. 이 세부적인 자존감의 기초는 바로 유아기부터 차곡차곡 쌓여 간다는 것이다.

갓 태어난 아기는 울음으로 자신의 존재를 세상에 알린다. 아이는 엄마의 품 안에서 낯선 세상을 받아들이고, 따뜻한 품 안에서 안정감을 느끼며 자신이 환영받는 존재임을 처음으로 깨닫는다. 이를 가능하게 하는 것은 바로 부모의 시선, 따뜻한 말, 품어주는 손길이다. 아이는 부모의 말과 표정, 몸짓 하나하나에서 자신에 대한 메시지를 읽는다. 아이가 방귀를 뀌거나 트림을 해도 "아이구, 잘했네!"라고 반응하는 것이 부모다. 처음 뒤집기를 성공했을 때, 배밀이를 할 때, 한 걸음을 내딛을 때 부모는 아이보다 더 크게 환호한다. 이처럼 반복되는 긍정의 경험 속에서 아이는 '나는 괜찮은 사람이야', '나는 사랑받고 있어'라는 깊은 믿음을 키워간다. 바로 이것이 자존감의 뿌리다.

조금 더 자라면 아이는 "내가 할래!", "내가, 내가!"를 외치며 자기 주도성을 드러낸다. 밥을 먹고, 옷을 입고, 얼굴을 씻는 일상 속에서 아이는 자신만의 방식으로 세상을 탐색한다. 음식으로 온몸을 적시고, 물을 쏟고, 옷을 거꾸로 입는 일도 빈번하지만, 이 모든 행동은 스스로 경험하고 배우려는 의지의 표현이다.

이 시기에 부모가 조급한 마음에 대신 해주거나, 시도를 제지하게 되면 아이는 '나는 혼자 할 수 없는 사람이구나'라고 느끼게 된다. 반대로 아이의 작고도 용기 있는 시도를 인정하고 지지할 때, 자존감이라는 내면의 힘은 더욱 단단해진다.

자존감은 단지 무언가를 '잘하는 것'에서 비롯되는 것이 아니다. 사랑받고 있다는 느낌, 존중받고 있다는 체험, 그리고 '나는 할 수 있다'라는 믿음에서 비롯된다. "나는 믿을 수 없는 아이야", "나는 실망을 주는 존재야"라는 메시지를 반복적으로 받게 되면, 아이는 도전보다 회피를, 자신감보다 불안을 선택하게 된다. 부모의 말 한마디, 표정 하나, 반응 하나가 아이에게는 크나큰 의미가 되는 것이다. 무심코 던진 말이 아이의 마음에 깊은 흔적을 남길 수 있다는 점을 우리는 종종 간과한다. 아이는 부모의 눈빛과 말투 속에서 '나는 어떤 사람인가'를 스스로 해석하고 정의한다. 그렇기에 아이의 마음에 긍정의 거울을 비춰주는 일, 그것이 자존감 형성의 가장 중요한 출발점이 되지 않을까.

모든 아이는 저마다 다른 기질을 가지고 태어난다. 이는 곧 아이가 세상을 받아들이는 속도와 성향이 각기 다르다는 뜻이다. 실제로 어떤 아이는 활동이 주어지자마자 빠르게 반응하지만, 어떤 아이는 한참을 지켜본 뒤에야 움직인다. "나 못 하겠어요"라고 말하는 아이, 친구를 돕느라 자신의 일은 제쳐두는 아이도 있다. 이처럼 아이들은 각기 다른 방식으로 세상과 소통하며 성장한다.

중요한 것은 이 차이를 '능력의 우열'로 보지 않는 것이다. 부모가 아이의 기질을 이해하고 존중할 때, 아이는 비로소 자신을 있는 그대로 받아들이게 된다. 이러한 경험은 자존감 형성의 든든한 밑거름 된다는 사실을 기억해야 된다.

아이에게 필요한 것은 비교나 평가가 아니다. 오히려 자신만의 리듬과 방식으로 성장할 수 있도록 지켜보는 따뜻한 시선이다. 나폴레온 힐(Napoleon Hill)은 "남의 궤도에서 속도를 보지 마라"라고 말했다. 누구나 다른 길과 속도로 걷듯, 아이 역시 자기만의 보폭으로 성장한다.

어떤 아이는 숫자에 강하고, 어떤 아이는 몸짓으로 감정을 표현하며, 또 어떤 아이는 언어에 강하다. 중요한 것은 '누가 더 잘하느냐'가 아니라 '어떻게 다른가'를 이해하는 일이다. 아이들은 함께 놀고 어울리는 과정에서 자연스레 서로의 다름을 배우며 '나'라는 존재를 조금씩 알아간다. "너는 왜 그것밖에 못 하니?"라는 말 대신, "너는 네 방식대로 하고 있구나"라는 한마디의 인정이야말로 아이 자존감의 뿌리를 지탱하는 진짜 힘이 된다.

심리학자 셸리 테일러(Shelley Taylor)는 "긍정적 착각을 많이 하는 사람일수록 더 건강하고, 행복하며, 창의적인 일을 해낸다"라고 말했다. 여기서 말하는 '긍정적 착각'이란 자신을 현실보다 조금 더 좋게 바라보는 마음가짐을 뜻한다. 이 긍정적 신념, 즉 '나는 할 수 있다'라는 믿음이 자존감의 중심이다. 이 믿음은 도전의 에너지이며, 유아기를 넘어 성인이 된 이후까지도 삶 전반에 강력한 영향을 미치는 마음이다.

자신에 대한 믿음은 어려움 속에서도 흔들리지 않는 든든한 버팀목이다. 아이에게 자기 자신을 사랑하고 신뢰하는 법을 알려주는 일. 그것이야말로 부모가 줄 수 있는 가장 깊고 오래 가는 선물일 것이다.

그래서 우리는 다시 처음으로 돌아가야 한다. 부모가 아이의 눈을 마주치고 따뜻하게 "너는 소중한 아이야"라고 말해줄 수 있는 그 순간, 아이 마음에는 작은 등불 하나가 켜진다. 그 불빛은 '나는 괜찮은 사람이다'라는 내면의 확신이 되어, 어두운 길에서도 자신의 길을 찾아가는 용기가 된다.

자존감은 특별한 가르침이나 화려한 칭찬이 아니라, 아이 곁에 조용히 머물러주는 사랑과 믿음 속에서 자라난다. 지금도 어딘가에서 한 아이가 두려운 마음으로 "내가 할 수 있을까"를 속삭이고 있을지 모른다. 그 순간 부모가 보내는 따뜻한 미소와 "그래, 해봐. 나는 네가 해낼 거라고 믿어"라는 말 한마디는, 그 아이가 평생 간직할 수 있는 '내 편이 있다는 기억'이 될 것이다.

이처럼 자존감은 결국, 아이 마음속에 '나는 사랑받을 만한 존재다', '나는 가치 있는 사람이다'라는 흔들림 없는 뿌리를 내려주는 것이다. 그 뿌리 위에 아이는 자신의 세계를 하나씩 만들어갈 것이다. 그리고 그 세계는 반드시 부모의 사랑을 닮아 있을 것이다.

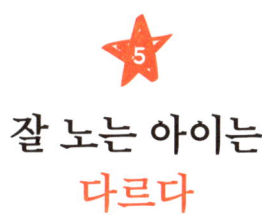

잘 노는 아이는
다르다

"어릴 적 올바른 품성을 지닌 사람은 청년기에는 칭찬을, 노년기에는 존경을 받는다. 그러니 어릴 때부터 도덕과 예의를 익혀야 한다."

-비스마르크(Bismarck)

유치원의 3월은 교사와 아이 모두에게 '황금 시기'다. 이 시기의 아이들은 인사하는 법부터 차례 지키기, 손 씻기, 화장실 사용, 양치질, 장난감 정리 같은 기본 생활 습관을 익히며, 친구들과 함께 놀이한다.

교사는 아침부터 하루 일과가 끝날 때까지 아이들의 행동 하나하나를 살피며 생활을 지도한다. 아이들의 동선에서 눈을 뗄 수 없는 이유는, 이 시기 행동의 특성이 생활 전반에 깊은 영향을 미치기 때문이다.

특히 교사는 아이들의 '스스로 할 수 있는 능력', 즉 자조기술에 주의 깊게 주목한다. 문제 해결이나 정리하는 습관은 단지 물건을 제자리에 놓는 행위를 넘어, 생각을 정돈하고 마음을 가다듬는 과정이기 때문이다.

혼자 해본 경험이 많은 아이일수록 머릿속 생각이 정돈되면서 행동에도 자연스러운 질서가 생긴다. 이 질서는 또래와 어울리며 자신을 조절하고 다스리는 힘으로 확장된다. 결국 놀이와 일상속에서 쌓아가는 작은 '질서'의 경험들이 아이의 삶 전체를 지탱하는 중요한 기반이 되는 셈이다.

내가 사는 아파트에는 유독 인사를 잘하는 초등학생이 있었다. 나는 그 아이가 무척 예뻐 보였다. 어느 날, 나는 아이에게 "너의 인사가 사람을 참 기분 좋게 해준단다"라고 말을 건넨 적이 있다. 엘리베이터가 1층에 도착하면, 그 아이를 기다리는 친구들도 하나같이 인사를 잘했다. 그날 이후, 나는 내 아이 셋에게도 엘리베이터에서든, 어디서든 어른을 만나면 먼저 인사하는 태도를 길러야 한다고 이야기해줬다. 아이의 인사는 그 자체로 예의일 뿐만 아니라, 누군가의 하루를 환하게 밝혀주는 힘이 있다는 것을 느꼈기 때문이다.

하지만 가르친다고 바로 되는 일은 아니었다. 내 아이 셋은 모두 다른 모습으로 인사했다. 누구를 만나든 환하게 인사하는 아이가 있는가 하면, 부끄러워 몸을 숨기는 아이도 있었고, 쑥스러워 입만 겨우 움직이며 인사하는 아이도 있었다. 같은 배에서 태어났지만, 성격도, 표현하는 방식도 달랐다.

어느 날, 셋째 아이 친구 엄마에게서 전화가 걸려 왔다. 친구 집에 놀러 간 셋째가 음료수를 한 병 들고 왔다는 것이다. 친구 엄마는 "그냥 놀러 오면 되지, 뭘 이런 걸 보냈느냐"라며 웃었지만, 정작 나는 그 사실을 전혀 모르고 있었다. 아마 냉장고에 있던 1.5리터 음료를 그냥 집어 들고 나간 모양이다. 우리는 그 이야기를 나누며 한바탕 웃었다.

그런데 가만히 곱씹어보니, 셋째는 평소 집에 친척이 방문하거나 부모, 할머니가 다른 집에 갈 때마다 무언가를 준비해가는 모습을 지켜봐왔다. 아이는 그 장면들을 기억하고 있었고, 그 기억 속에서 '어른의 예의'를 나름대로 흉내 낸 것이었다.

이처럼 부모의 행동은 아이에게 곧 교과서이자 삶의 본보기가 된다. 아이들은 귀로 듣기보다 눈으로 배운다. 부모가 따로 가르치지 않아도 일상의 작은 모습들이 아이에게는 큰 배움이 된다. 그래서 부모는 늘 스스로를 돌아볼 수밖에 없다. 아이들은 또래 친구, 형제자매, 그리고 부모를 통해 규칙을 익히고, 관계를 형성해간다. 우리는 아이가 잘 놀고, 상황에 맞는 행동을 하며, 타인과 자연스럽게 어울리기를 바란다. 그리고 그런 모습을 보여주는 아이를 볼 때, 부모는 뿌듯한 미소를 짓는다.

잘 노는 아이들에게는 공통점이 있다. 친구에게 화가 나거나 짜증이 날 만한 상황에서도, 감정을 조절할 줄 안다. 자기 생각이나 느낌도 자연스럽게 표현하고, 놀이 속에서 친구를 설득하며 관계를 만들어간다. 감정 표현, 집중, 공감이 자연스럽게 어우러지는 모습을 볼 수 있다. 그렇다면, 아이들은 누구와 어울려 놀고 싶어 할까? 분명한 것은 규칙을 지키고, 내 마음을 공감해주는 친구일 것이다.

내가 만난 만 5세 아이는 언어 표현이 서툴고 청각에 어려움이 있었지만 놀이를 할 때는 누구보다 활발했다.

'언어 표현이 서툰 아이가 어떻게 친구들과 이렇게 잘 놀 수 있을까?'

아이는 옆 친구의 감정에 공감하며 행동하고 있었다. 싫은 표정, 기쁜 표정을 정확히 알아차리고, 친구가 무엇을 원하는지 파악해서 행동으로 표현했다. 그리고 친구의 놀이를 방해하지 않으면서 친구의 마음을 잘 이해했고, 때로는 스스로 양보하기도 했다. 그러면서도 자신이 좋아하는 놀이가 시작되면 누구보다 적극적으로 참여하며, 기쁨을 몸으로 표현했다.

시간이 흘러 졸업예술제 시간이 다가왔다. 예술제는 소리로, 그리고 몸짓으로 움직이는 활동이다. 소리를 듣기 어려운 아이가 예술제 참여가 가능할지 부모님은 조심스레 의견을 전달해왔다. 그러나 나는 아이에게 기회를 주고 싶었다. 아이들과 함께 '악기 합주'의 경험을 느끼게 하고 싶었다. 아이는 친구들과 협업할 때 동작을 유심히 지켜보면서 마음으로 소리를 듣고 연습했을 것이다. 기다리던 예술제 날, 연주회가 끝나자 학부모들은 기립박수로 격려했다. 아이가 맡은 악기는 '심벌즈'였다. 오랜 시간이 흐른 지금까지도 그 무대는 나와 아이, 학부모에게 모두 감동의 순간으로 남아 있다.

결국, 말보다 더 중요한 것은 '마음을 듣는 귀'다. 아이의 공감 능력은 말보다 행동에서, 표현과 기다림 속에서 자라난다. 그래서 부모와 교사의 따뜻한 시선과 인내는 아이의 관계 맺기 능력을 키우는 가장 큰 힘이 된다. 이런 일상의 규칙과 습관은 아이에게 자율성과 자기조절력을 길러준다. 예를 들어, 정해진 시간에 자고 일어나는 습관, 가방을 정리하는 습관, 장난감을 제자리에 두는 습관은 모두 자기 관리 능력으로 이어진다. 또한 이러한 습관이 자리 잡으면 스트레스가 줄어들고, 그만큼 친구와의 놀이에도 더 잘 집중할 수 있게 된다. 잘 노는 아이의 배경에는 이처럼 눈에 보이지 않는 습관의 힘이 있다.

잘 노는 아이는 다르다. 그들은 감정을 조절하고, 규칙과 예의를 지키며, 타인과의 관계를 스스로 만들어간다. 놀이 속에서 길러지는 이러한 능력들은 아이들이 자라서도 사람들과 잘 어울리고, 세상 속에서 균형 잡힌 삶을 살아가는 데 든든한 밑거름이 된다.

결국, 아이의 놀이는 단순한 시간이 아니라, 인생을 살아가는 법을 배우는 가장 깊은 연습이다. 그리고 이 연습은 하루하루의 사소한 놀이에서 시작된다.

놀이는
상상이자 꿈이 된다

유치원 아이들의 꿈은 생일파티에서 가장 잘 드러난다. "나는 나는 될 거야~"로 시작되는 생일 축하 노래 속에는 아이들의 작은 미래가 담겨 있다. 의사, 경찰관, 소방관, 과학자, 선생님 등 세상을 향한 아이들의 꿈은 예전에도, 지금도 크게 다르지 않다. 그 꿈은 책상 앞이 아니라, 놀이터와 교실 한쪽에서 펼쳐지는 놀이 속에서 자라난다. 케이크를 만들고, 의사놀이를 하고, 상상 속 로켓을 타는 그 순간, 아이는 자신만의 미래를 살아보고 있는 것이다. "상상력은 지식보다 중요하다. 지식은 한정되어 있지만, 상상력은 온 세상을 포용한다"라는 알베르트 아인슈타인(Albert Einstein)의 말처럼, 아이들의 놀이 속에서 발현되는 무한한 상상력이 바로 그들의 미래를 만들어가는 가장 강력한 원동력이다.

아이 한 명이 역할놀이 영역에서에서 인형들을 나란히 눕혀놓고,

진지한 표정으로 진료를 시작한다.

"체온은 괜찮고요, 주사 놔드릴게요."

작은 손으로 조심스럽게 주사를 놓고, 손수건을 덮어주며 말한다.

"이제 안 아플 거예요."

이 아이는 지금 의사가 되고 싶은 꿈을 현재에 실현 중이다. 인형만은 아니다. 아이들끼리 의사, 간호사, 환자가 되어 역할을 나누고, 상황을 꾸민다.

"다음 환자 들어오세요!"

"오늘은 예방주사 맞는 날이에요."

때로는 누가 의사를 할지, 주사를 먼저 맞을지를 두고 실랑이가 벌어지기도 하지만, 금세 웃으며 다시 이야기 속으로, 놀이 속으로 들어간다. 갈등도, 협력도, 모두 이 아이들의 살아 있는 꿈이다. 어른들이 보기에는 단순한 역할놀이처럼 보여도 아이는 그 상상 속에서 누군가를 돕는 존재로서의 '자기 모습'을 실감하고 있다.

또 다른 아이는 블록을 쌓아 가게를 만들고, 종이에 그림을 그려 메뉴판을 만들고 있다. 친구가 오자 "어서 오세요. 오늘은 딸기 케이크가 있어요! 커피도 있어요!" 하고 외친다. 주문이 시작되면 메뉴는 다양한 변신을 시작한다. 역할은 주방장, 사장님, 손님까지 자유롭게 바뀌고, 이야기의 흐름도 끝없이 이어진다. 그 속에서 아이는 수학, 언어, 감정, 사회성, 창의력을 자연스럽게 배우고, 무엇보다 '하고 싶은 일'을 몸으로 경험한다. 이처럼 꿈꾸는 아이 곁에는 그 상상을 응원하는 친구가 있고, 그런 상상이 가능하도록 기다려주는 부모가 있다.

마리아 몬테소리는 "아이들을 가르치는 최선의 방법은 그들이 놀 때 방해하지 않는 것이다"라고 말했다. 부모와 친구의 기다림과 응원 속에서 아이는 놀이를 통해 스스로 배우고 성장하며, 단단한 자아를 형성해나간다.

유치원에 갈 시간이 되자 아이가 갑자기 색연필을 내려놓고 말한다.

"나 오늘은 유치원 안 갈래. 우주로 갈래."

이럴 때 "그건 아니지"가 아니라, "그래? 우주에서는 뭘 할 거야?"라고 묻는 순간, 아이의 상상은 멈추지 않고 계속 흐른다. 그 흐름이 바로 '생각하는 힘', '창조하는 힘'으로 자라나는 것이다.

어른이 된 지금 돌이켜보면 우리도 어린 시절 놀이 속에서 그렇게 꿈을 키워오지 않았을까? 산과 들을 뛰놀며 동물, 곤충들과 이야기를 나누고, 친구들과 소꿉놀이를 하며 엄마, 아빠가 되어봤다. 나무 그루터기에 올라가 지휘자가 되기도 했고, 친구들을 모아 수업을 하며 선생님이 되기도 했다. 술래잡기를 하며 경찰관이 되어 도망가는 친구를 잡고, 바다가에 앉아 종이배를 띄우며 해적 선장이 되기도 했으며, 지평선 넘어 세상이 궁금한 탐험가가 되는 상상도 해봤다. 그 모든 상상이 쌓여 지금의 내가 되었고, 어쩌면 꿈의 씨앗은 그때부터 이미 움트고 있었는지도 모른다.

아이의 상상은 책 속에서도 펼쳐지지만, 놀이 속에서는 훨씬 더 자유롭고 깊게 자란다. 상상은 단순한 이야기가 아니라, 몸으로 부딪히고 관계 속에서 확장되는 '경험'이기 때문이다. 놀이에서 아이는 단지 역할을 흉내 내는 것이 아니라, 진짜처럼 살아보며 친구, 타인과의 감정을 배우고, 상황을 이해하며, 미래를 조망한다. 그렇게 놀이 속에서 피어난 꿈은 언젠가 현실이 되어 아이의 삶을 이끄는 나침반이 된다.

그러므로 아이가 오늘 어떤 놀이를 했는지 묻는 일은 단순한 관심 그 이상이다. "오늘은 무슨 놀이로 재밌었을까?"라는 질문 속에는 "오늘은 어떤 꿈을 살아봤니?"라는 따뜻한 응원이 담겨 있다. 아이의 놀이 속에서 배우는 가치와 경험은 평생을 이끄는 중요한 토대가 된다. 놀이를 통해 아이는 세상을 배우고, 타인을 이해하며, 자신만의 미래를 조금씩 그려간다. 꿈은 거창하거나 멀리 있는 것이 아니다. 작은 찰흙 조각 하나로 피자 가게를 열고, 골목길에서 경찰차가 되어 친구를 구하며, 종이 한 장으로 날아오르는 비행기를 만들면서 아이들은 오늘도 꿈을 살고 있다. 이 순간의 놀이가 바로 아이의 삶을 여는 문이다.

우리는 아이의 놀이를 그냥 지나쳐서는 안 된다. 아이들의 상상력을 키울 수 있는 환경을 마음껏 제공해야 한다. 흙을 만지는 손끝, 인형에게 말을 거는 눈빛, 탁자 밑에서 우주선을 조종하는 몸짓 하나하나가 아이의 세계를 넓히고, 자라날 미래를 준비하는 귀한 순간이기 때문이다. 아동 심리학자 장 피아제는 놀이가 아이들이 세상을 이해하고 인지적 구조를 발전시키는 데 필수적인 역할을 한다고 봤다. 그는 놀이가 아이의 동화(Assimilation)와 조절(Accommodation) 과정을 통해 현실에 대한 이해를 확장시키는 과정이라고 설명했다.

어른이 된 지금, 우리가 잊지 말아야 할 것은 아이의 오늘이 그저 '노는 하루'가 아니라는 사실이다. 그 하루는 꿈을 입고 놀며 자라고, 조금씩 현실을 향해 나아가는 여정이기 때문이다. 아이 곁에 있는 우리는 그 길을 지켜보는 든든한 관객이자 조용한 동반자다. 그리고 아이들만이 꿈을 꾸는 것이 아니다. 어른 또한 꿈꾸며 살아간다. 다만 그 꿈은 아이처럼 눈에 보이는 직업이나 장래 희망이 아닐 수도 있다. 어른의 꿈은 더 나은 나 자신, 더 단단한 가족, 더 의미 있는 삶이라는 이름으로 지금도 자라고 있다. 때로는 좌절과 현실에 부딪혀 주저앉기도 하지만, 여전히 우리는 '지금'이라는 시간을 살아내며 꿈을 향해 가고 있다.

어른의 상상도 현실이 된다. 작은 정원을 가꾸며 자연을 상상하고, 낡은 의자를 고치며 새로운 가치를 상상하며, 아이와 눈을 맞추면서 더 나은 부모를 상상한다. 그 상상은 삶을 더 깊고 따뜻하게 만든다. 아이들이 그런 어른의 모습을 본다면, 그 역시 또 다른 꿈으로 전염될 것이다.

"어른이 되면 저렇게 살아야지"라는 마음의 울림은, 말로 가르칠 수 없는 교육이다. 어른들의 놀이 또한 아이들에게 미래를 비추는 거울이다. 삶을 대하는 태도, 여유와 유머, 실패를 받아들이는 너그러움, 스스로를 다시 일으켜 세우는 강인함. 이 모든 모습이 아이들에게 말없이 꿈을 심어준다. 아이와 어른이 함께 살아가는 이 길에서 놀이는 상상이 되고, 상상은 꿈이 되며, 그 꿈은 지금의 삶으로 이어진다.

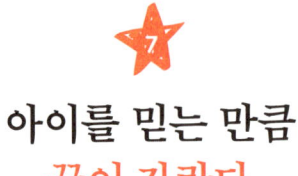

아이를 믿는 만큼
꿈이 자란다

운동회 날, 부모들이 가장 기대하는 순간이 있다. 바로 내 아이가 달리는 모습이다. 온갖 게임이 펼쳐지지만, 유독 달리기에 마음이 쏠린다. 특히 친구들과 함께 달리는 장면은 부모에게 더욱 특별하다. 출발 신호가 울리면 아이들은 일제히 앞으로 뛴다. 결승선 근처에서 손을 흔드는 부모를 향해 달려가는 모습을 보면 가슴이 벅차다. 하지만 그중 몇몇은 걷는 듯 천천히 달린다. 늘 마지막으로 들어오던 나의 세 아이. 그 모습을 볼 때면 안타까움과 사랑이 함께 밀려왔다. 그래도 아이는 환하게 웃고 있었다. 그 웃음 하나가 나를 돌아보게 했다. '결과보다 중요한 것이 있구나' 하고 다시 느끼게 되었다.

어느 날 수업 중 한 아이가 조용히 속마음을 꺼냈다.

"저는 잘하는 게 없어요. 달리기도, 그림도, 글씨 쓰기도 다 못해요."

말보다 먼저 눈이 바닥을 향했다. 자신에 대한 불안감이 고개를 들지 못하게 막고 있었다. 나는 아이 눈높이에 맞춰 앉아 말했다.

"그렇지 않아. 너는 너만의 방식으로 마음을 표현할 수 있어. 그건 정말 잘하는 일이야. 누구나 처음은 서툴지만, 계속하다 보면 분명 나아져. 중요한 건 '할 수 있을 때까지 해보는 마음'이란다. 그 마음이 너를 할 수 있게 할 거야."

교육학자 에릭 에릭슨(Erik Erikson)은 성장 초기의 가장 큰 과업으로 '신뢰감 형성'을 말한다. 신뢰는 양육자나 교사에게서 받은 따뜻한 응답에서 시작된다. 이 시기의 아이가 '내가 어떤 행동을 해도 수용받을 수 있다'라는 경험을 한다면, 그 신뢰는 자기 자신에 대한 긍정으로 확장된다. 반대로 반복된 비난과 조급한 개입은 아이가 '나는 뭘 해도 틀릴 수 있다', '나는 기다림의 대상이 아니다'라고 느끼게 만든다. 아이에게 가장 필요한 것은 정답이 아니라 "네 방식대로 해도 괜찮아"라고 지지해주는 따뜻한 시선이다.

아이는 종종 말이 아닌 행동으로 질문한다.

"나는 잘하고 있나요?"

"이렇게 해도 돼요?"

"이것이 맞아요?"

이 질문에 가장 좋은 답은 말이 아니라 '믿음'이다. 마리아 몬테소리는 "어린이는 우리의 교사이며, 우리는 그들을 존중하고 따르는 법을 배워야 한다"라고 말했다. 이는 아이 안에 아직 피어나지 않은 가능성을 믿는 일이다.

어느 날, 나의 세 아이가 자신들이 만든 그림책을 들고 왔다. 종이 세 장을 이어 붙인 책 제목은 '우리 집'이었다. 글은 첫째가, 그림은 둘째가, 이야기는 막내가 만들었다. 아이들은 상기된 얼굴로 가족들을 소파에 앉히고는 작은 마이크를 들고 낭독을 시작했다. 그 동화는 비록 종이 세 장에 불과했지만, 아이들에게는 스스로 세계를 만들고 말할 수 있다는 '창조의 시작'이었다. 이야기는 우리 가족의 일상을 소재로 한 동화였다. 모든 페이지에 웃음과 상상력이 담겨 있었다. 이야기를 다 읽은 뒤, 아이가 조심스럽게 물었다.

"진짜 동화 같지?"

우리는 주저하지 않고 박수로 답했다.

"응. 진짜였어. 너희가 만든 이야기였잖아."

그 순간, 나는 《어린 왕자》의 문장이 떠올랐다.

"가장 중요한 것은 눈에 보이지 않아."

누군가에게는 그저 종이 세 장일지 모르지만, 부모의 마음으로 바라봤을 때, 그 책은 세상에서 가장 아름다운 이야기가 되어 있었다.

아이들이 글을 쓰고, 그림을 그리고, 상상을 이야기로 엮는 동안, 보이지 않는 어떤 것(성장과 자존감, 표현의 용기)이 자라나고 있었던 것이다. 《어린 왕자》에서는 또 이렇게 말한다.

"너는 내가 길들인 장미야. 세상에 하나뿐인 소중한 존재야."

믿음이란 그런 것이다. 부모의 믿음은 아이를 '길들이는' 것이 아니라, 아이가 스스로를 특별한 존재로 느끼게 해주는 힘이다.

"내가 할 수 있어요?"

"이렇게 해도 돼요?"

"나 잘하고 있죠?"

아이들은 언제나 질문하고 있다. 그 물음에 대한 가장 깊은 대답은 말이 아니라 믿어주는 눈빛, 기다려주는 시간, 박수와 같은 가벼운 격려다. 아이들이 실수와 실패를 두려워하지 않는 용기는 부모의 믿음에서 비롯된다. 아이의 마음은 별이고, 달이고, 우주다. 그 세계를 향해 "진짜였어"라고 말해주는 순간, 아이는 스스로를 '작가'라고 부르고, '창조자'라고 느낀다.

그 경험은 언젠가 아이가 어떤 어려움 앞에서도 "나는 할 수 있어"라고 말할 수 있는 뿌리 깊은 자존감의 씨앗이 된다. 《어린 왕자》에서는 또 말한다.

"어른들은 숫자에만 관심이 있어. 하지만 나는 꽃 한 송이가 얼마나 향기로운지, 그게 더 중요하다고 생각해."

우리는 종종 결과와 비교에만 마음을 빼앗기지만, 아이의 눈빛을 보면 알 수 있다. 그들이 바라는 것은 완벽한 결과가 아니라, 자신을 있는 그대로 봐주고 믿어주는 사랑이다. 그 믿음이 아이의 오늘을 지지하고, 아이의 내일을 자라게 한다.

아이를 믿는다는 것은 단 한 순간의 확신이 아니다. 조용히 지켜보는 눈빛, 말없이 응원하는 마음처럼 보이지 않는 지지가 아이를 단단하게 세우는 힘이다. 그런 믿음 속에서 아이는 자신이 바라는 모습대로, 그리고 부모의 믿음대로 서서히 자라나고 있다. 자신감과 자존감이라는 말은 단순한 심리적 위로가 아니다.

   부모의 보호 아래 예쁘게만 자란 온실 속 화초가 되어서도, 그저 야생의 기질대로 자라는 들판의 나무처럼 되어서도 안 되는 것이 인생이다. 진정한 성장은 절제와 가지치기를 통해 자기만의 향기를 간직하면서도 주위와 어우러질 줄 아는 사람으로 자라는 데 있다.
   믿음은 그런 여정을 이끄는 보이지 않는 손과도 같다.

"믿음은 바라는 것들의 실상이요, 보이지 않는 것들의 증거니."
-《성경》, 히브리서 11장 1절

   부모가 아이 안에 '보이지 않는 가능성'을 믿고 지켜낼 때, 그 믿음은 결국 아이가 스스로를 믿게 되는 가장 깊은 뿌리가 아닐까.

   "오늘, 당신은 아이의 어떤 가능성을 보았고, 믿어주셨나요?"

   부모의 믿음은 아이 스스로 날개가 있다는 것을 알게 해주는 일이다.

세상에서 가장 잘 노는 아이가 꿈을 이룬다

제1판 1쇄 2025년 10월 22일

지은이 강인숙
펴낸이 한성주
펴낸곳 ㈜두드림미디어
책임편집 신슬기, 최윤경
디자인 김진나(nah1052@naver.com)

㈜두드림미디어
등 록 2015년 3월 25일(제2022-000009호)
주 소 서울시 강서구 공항대로 219, 620호, 621호
전 화 02)333-3577
팩 스 02)6455-3477
이메일 dodreamedia@naver.com(원고 투고 및 출판 관련 문의)
카 페 https://cafe.naver.com/dodreamedia

ISBN 979-11-94223-96-2 (03590)

책 내용에 관한 궁금증은 표지 앞날개에 있는 저자의 이메일이나
저자의 각종 SNS 연락처로 문의해주시길 바랍니다.

책값은 뒤표지에 있습니다.
파본은 구입하신 서점에서 교환해드립니다.